影响人一生的科学家

李 盟 编

中国言实出版社

图书在版编目（CIP）数据

影响人一生的科学家 / 李盟编.
—北京:中国言实出版社，2012.4
ISBN 978-7-80250-839-2

Ⅰ. ①影…
Ⅱ. ①李…
Ⅲ. ①科学家—生平事迹—西方国家—青年读物②科学家—生平事迹—西方国家—少年读物
Ⅳ. ①K835.061-49

中国版本图书馆CIP数据核字(2012)第058964号

策划编辑 周汉飞

出版发行 中国言实出版社
地　址：北京市朝阳区北苑路 180 号加利大厦 5 号楼 105 室
邮　编：100101
编辑部：北京市海淀区北太平庄路甲 1 号
邮　编：100088
电　话：64924853（总编室）64924716（发行部）
网　址：www.zgyscbs.cn
E-mail：zgyscbs@263.net

经　　销 新华书店
印　　刷 北京龙跃印务有限公司
版　　次 2012年4月第1版　2016年10月第2次印刷
规　　格 710毫米×960毫米　1/16　10印张
字　　数 150千字
定　　价 39.80元　ISBN 978-7-80250-839-2

前言

科学的发展经历了漫长的历史，如果我们翻阅史册，就会发现它的起源可以追溯到遥远的古希腊时期。在此之前的古巴比伦文明和古苏美尔文明则显然都没有达到科学的高度。它们在药学、天文学和应用数学等方面的研究尚处于起步阶段，更不用说在工程学上的建树了。

公元前6世纪，第一次科学革命在古老的希腊悄然兴起。古希腊思想家们已不再满足于原有的“神创造一切”的学说，转而开始寻求自然界中潜在的本源，从中引申出更令人满意的对世间万物的解释。米利都伟大的泰勒斯（古希腊哲学家、数学家、天文学家，希腊“七贤”之一）提出万物本源是水；阿那克萨哥拉（古希腊哲学家，对日食作过正确解释，并相信物质由原子组成）则认为本源是气；而色诺芬尼（公元前6世纪的古希腊哲学家、诗人）选择了毫不起眼的土。与此同时，德谟克利特（约公元前460—前370年，古希腊哲学家）第一次提出了最原始的原子学说。原子（atom）这个单词来自于希腊语中的atomon，字面上可以直译成“不可分割”的意思（直到20世纪，英国物理学家、化学家欧内斯特·卢瑟福对原子理论作出了开创性的贡献，才使这个单词重新受到广泛的重视。从某种意义上来看，这不能不说是一种知识滞后）。研究表明，在苏格拉底（古希腊哲学家）之前，哲学家们对科学的认识尚处于混沌阶段，但我们仍可以从“权威真理”受到的挑战中，从基于观察和逻辑推演的研究过程中窥见科学方法的闪光。此时真理的权威已经属于思想家，而不再是那些宗教牧师。

随后，涌现出欧几里德（约公元前3世纪的古希腊数学家）和阿基米德（古希腊数学家、工程师及物理学家）等一批伟大的思想家，他们在科学领域作出了不朽的贡献，并创立了几何学和三角学等学科，这些知识直到今天仍然是科学研究所必需的工具。正是从那时起，我们跨入了科学的认知阶段。

然而，科学研究的发展道路并不是一帆风顺的。科学人士常常和宗教组织发生严重冲突。在这种情况下，科学工作者往往会遭到不幸。宗教信仰者拒绝听到任何违逆自己信仰的声音，对科学家所提出的种种观点感到无比的愤怒和恐惧。他们还对科学工作者采取威胁或胁迫手段，甚至诉诸暗杀。

在历史上的这些时期，各个教会都在激烈地对抗“异教”的科学观点，这些学说包括对宇宙的解说、对地球结构和起源的研究，以及对人类起源的认知等。

尽管遭受了无数次的打击和迫害，科学仍然从这场斗争中得以最终胜出，成为20世纪主要的智慧源泉。胜利果实的获得可以归功于两个概念的结合：“科学”地“工作”，也就是由艰苦试验和错误环节循环往复所构成的完整的科学过程，即通过试验和验证，更改和抛弃各类假说，持续不断地构建与已知事实相匹配的理论，当有新现象出现时再修正或摒弃原有的科学观点。简而言之，就是应用科学方法获得结果，再用事实加以验证，从而对先前的预测进行更正和纠错的过程。而诸如占星术、手相术、预言术、解梦法、心灵学、心灵感应术、飞碟学、“科学创造学”，以及从动物内脏预测天气情况等所谓的学科，都由于没有遵循类似的发展规律而未被列入科学的范畴。虽然正如其他著作中论述的那样，这些包含了部分科学方法的社会习俗已经开花结果，在社会上流传甚广，然而由于它们本质上倾向于迷信、巫术和宗教等不科学的观念，因而在与科学的斗争中以失败告终。

本书的人物传记记录了这些伟大的科学家通过不懈努力在各自的领域内取得卓越成就的过程。他们为困难重重的科学探索之路点亮了一盏明灯，从而为人类知识宝库的不断扩充作出了巨大的贡献。

目 录

古代科学家

中世纪科学家

文艺复兴时期科学家

17世纪科学家

18世纪科学家

19世纪科学家

20世纪科学家

欧几里德

在古希腊哲学家米利都的泰勒斯和亚里士多德的研究基础上，欧几里德证明了世界上的现象都是有规律的，而并非仅仅依赖于神的指示。

约公元前300年

欧几里德的旷世著作《几何原本》在全世界被翻译成多种文字，是被人们研读最广的西方数学著作。毋庸置疑，一直以来它都是人类历史上最伟大、在全世界影响最深远的书籍之一。

《几何原本》的主要内容是几何学，即关于形状的数学运算。它的研究深入透彻，即使在几千年后的今天，它仍是几何学研究的基本框架，数学家们仍然要通过借助这本书中平面几何的点、线、形状和立体模型来开展数学研究。欧几里德在《几何原本》中还总结了大部分的几何基本定律，如关于三角形、矩形、圆形、水平线的运算等，这些都是现代学生仍在学校接受的基本教育内容。

这本伟大的著作同时也象征着一种全新思维方式的诞生，即运用逻辑思维假设、推理、演绎和证明等方法探索真理，而不再是简单地依赖猜测和信仰。时至今日，人们再也不会认为世间万物的变化是受上帝一时的心血来潮控制的，我们已经学会运用欧几里德的方法逐步地以实践为基础探索自然规律。

当然，这些贡献并不是欧几里德仅凭一己之力凭空创造出来的。他的工作是建立在之前几个世纪的古希腊思想家们所做的实践之上的，这可以追溯到公元前7世纪的泰勒斯时代。欧几里德之所以非同凡响，是由于他将先哲们的思想加以汇总，总结出细致而严密的科学观和方法论，在历史上产生了极其深远的影响。浩瀚的历史长河中，无数伟人深受欧几里德思维方式的影响，例如本尼迪克特·德·斯宾诺莎（1632—1677年，荷兰唯物主义哲学家）、伊马利·康德（1724—1805年，德国哲学家，古典唯心主义的创始人）和亚伯拉罕·林肯（美国总统）等。

■ 欧几里德其人

关于欧几里德本人，迄今为止人们所知甚少。他生活于大约公元前300年的亚历山大地区，那是当时埃及最大的城市，后来由亚历山大大帝在地中海沿岸重建。希腊的第一位外族统治者、埃及国王托勒密一世（公元前367—前283年）在亚历山大建造了图书馆和博物馆，这里后来逐渐发展成古代最有名的知识和教育交流机构。据推测，欧几里德很可能曾在那里执教数学，也许还是柏拉图（公元前427—前347年，古希腊哲学家）的学生之一。而在欧几里德去世后不久，另一位科学家阿基米德也来到了那里。

从欧几里德的一些逸事中，我们可以推断出他的某些个性。看起来，欧几里德是一位温和亲切，善于激励学生的老师。有一段文字是这样描写的：他“对所有有志于钻研数学的学生都一视同仁，教学始终仔细谨慎，从不惩罚和批评弟子，而且在整整一个学年的教学中从未自夸过”。另一个故事是这样的：一位学生由于学不好几何课而灰心沮丧，于是忍不住去找老师欧几里德，询问学习几何究竟能够获得什么实际的好处。欧几里德立即吩咐家仆取些钱币交给这位学生，以此让他“获利”并打发他走。还有另外一个故事说，托勒密国王为了学好几何学，向欧几里德请教是否有学习的捷径，欧几里德回答：“在几何学里，大家只能走一条路，没有专为国王铺设的大道。”这句话已成为千古传诵的箴言。

以上是我们现今知晓的所有有关他的事迹，大多数故事都来自希腊哲学家普罗克洛斯的著作，这位评论家生活在距今约800年前。

欧几里德最伟大的学术贡献在于，他把当时的几何学定律整合成为一个定理和证明相互关联的体系，为他之后的科学研究奠定了坚实的基础。

有关欧几里德的记载实在是屈指可数。由于缺乏充分的依据，有些学者认为《几何原本》是由一群学术研究者在欧几里德的指导下共同编写的，甚至还有部分人认为“欧几里德”只是亚历山大时代的数学家们为自己的合作团体取的名字而已。无论真相如何，《几何原本》的重要历史地位始终不可动摇。同样，欧几里德的其他一些相对不为人所知的贡献也是不可磨灭的。

■ 欧几里德和几何学

欧几里德最伟大的学术贡献在于，他把当时的几何学定律整合成为一个定理和证明相互关联的体系，为当代科学研究奠定了坚实的基础。

在欧几里德生活的时代，关于几何学的理论日趋成熟。几何，即数学形状，对于它的研究最早可以追溯到几千年以前的古埃及时期，当时人们出于丈量土地面积的需要，很可能已经对这门学科有所涉及。古代埃及人建造了举世闻名的金字塔，可见当时的几何学已经发展到了一个较高的水平。他们把几何学称做“土地测量”，希腊人传承了这种说法，单词geometry（几何学）即为“土地测量”（earth measurement）的简写。1858年，苏格兰历史学家亚历山大·莱茵发现了一卷纸草书（纸草，埃及人制造纸张时所用芦苇秆的称谓），后来证实，这是公元前1650年一位名叫阿梅斯的埃及人的手稿。这份莱茵手稿连同另一份现珍藏于墨西哥的手稿（因此被唤做“墨西哥手稿”）都显示出古埃及人对三角几何学的很高造诣。例如，他们懂得如何根据物体的影子长度得到它的实际高度。

从《几何原本》可以看出，当时的埃及人对几何技术的研究已经达到了较高的水平。欧几里德和其他古希腊人所做的工作就是把前人浩如烟海而杂乱无绪的成果加以系统化，整理成一个严密的理论逻辑体系，也就是把“应用数学”整合成“纯数学”理论的过程。

古希腊人的研究活动没有停留在业余的智力消遣层次上，他们为了实际应用，孜孜不倦地寻求着抽象的真理。通过严谨的研究方法所探索到的原理几乎适用于各种实际情况，应用范围极广。这些研究对于解决实际生活中的问题，具有重大的指导意义。例如，在三角学学科建立之前，由于人们没有掌握相应的数学规律，往往换个条件就会给计算带来不便。但当这些规律一经掌握，就能发挥出无穷的神奇力量。例如，米利都的泰勒斯在古埃及旅游时，曾运用一个简单的数学定律（相似三角形的理论）亲自演示测定金字塔高度的过程，并测量了大海上船只距离陆地的距离，使在场的埃及民众惊讶得目瞪口呆。

欧几里德的风车证据

要了解欧几里德解决问题时采用的方法是多么有效，最具说服力的便是“风车”证据，它证明了关于直角三角形的毕达哥拉斯定理。之所以称为“风车”，是由于图形类似风车形状。这其中所蕴涵的智慧之光获得了不少科学家发自内心的赞美和推崇，一位德国科学家曾于1821年认为，欧几里德的“风车”证据无懈可击，堪称宇宙中最完美的论证。他发表言论说，如果我们想让火星人感到畏惧，就该把地面上的田地耕作（或栽种）成“风车”形状，或是在西伯利亚开凿相同轮廓的大运河，并在其中填满油，燃起熊熊烈火。当然，他的提议并没有实行。

古埃及人和古巴比伦人都早已知道，直角三角形的边长之间具有一定的比例关系。他们发现，每一条边边长的“平方”总是和另外两条边边长的“平方”存在一定的关联（所谓“平方”，即与自身相乘）。实际上，他们早在毕达哥拉斯之前就已经掌握了“毕达哥拉斯定理”，该定理阐述的是，两条直角边的平方和等于第三条边（斜边）边长的平方（中国古代称之为“勾三股四弦五”）。公元前6世纪，毕达哥拉斯证明了这个定理，但整个过程烦冗复杂。相比之下，欧几里德的“风车”论证就显得简洁明了。

1. 分别以直角△ABC的三边为边长，画出三个正方形，如图（a）所示。

2. 因为∠ACB是直角，故线条BCH和ACK都是直线。

3. 通过之前的构建，已知∠EAB＝∠CAI＝90°。

4. 由此可得：∠BAI＝∠BAC＋∠CAI＝∠BAC＋∠EAB＝∠EAC。

5. 已知：AC＝AI，AB＝AE。

6. 如图（a）标注出两个三角形：△BAI和△EAC。

7. 对（a）直线BD作平行线CF。

8. 可得，矩形AGFE＝2△ACE。该重要定理来自两个初级定理：①三角形一边的两端固定，在平面上对该边作任意平行线，则无论第3个端点距离该边多远，只要落在所作的平行线上，所构成的三角形面积恒定不变；②与平行四边形（包括矩形）共用一边且等高的三角形面积是该平行四边形面积的一半。

9. 同理得到，正方形AIHC＝2△BAI。

10．从而由第6、8、9可知，矩形AGFE＝正方形AIHC。

11．由第3、4结论可得，∠DBC＝∠ABJ。

12．与第5个结论同理可得，BC＝BJ，BD＝AB。

13．与第6个结论同理，图（b）中所标注的△CBD＝△JBA。

14．与第8个结论同理，图（b）中矩形BDFG＝2△CBD。

15．与第9个结论同理，正方形CKJB＝2△JBA。

16．从而，由第10个结论可知，图（b）中矩形BDFG＝正方形CKJB。

17．因此，正方形ABDE＝矩形AGFE＋矩形BDFG。

18．最后，从第10、16个结论得到，正方形ABDE＝正方形AIHC＋正方形CKJB。

图(a)

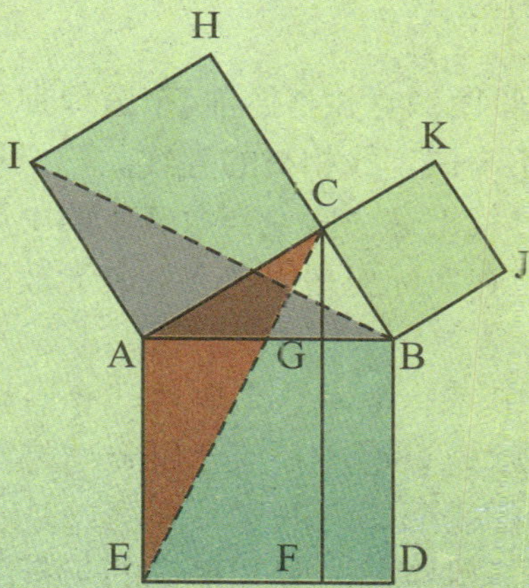

图(b)

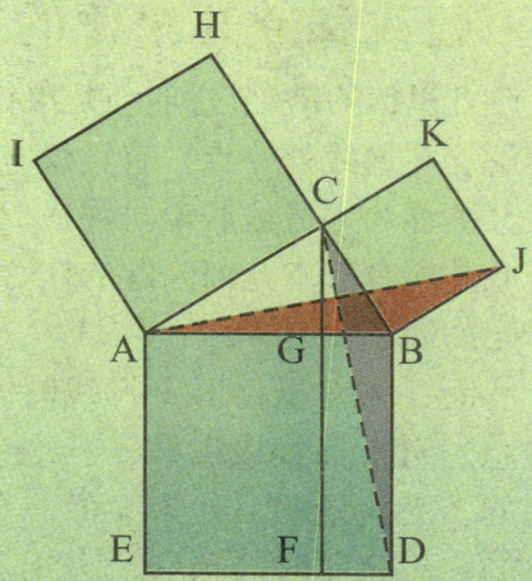

■ 假设、推理和论证

欧几里德和古希腊人将数学整合成一个逻辑性的系统，这使它获得了非凡的力量。他们首次引入了论证的概念，并运用缜密的逻辑思维，发现可以从假设或假定中（如“两点之间直线距离最短”）推理获得数学规律。将先前的假定与之结合就构成了一个数学规律的基本内容，我们称之为定理，它能够清楚地被证实或证伪。

欧几里德《几何原本》的核心内容是5个公理（或称假说），所有的数学定律都是由此出发获得证明的。用现代的语言表达，5个公理分别是：

1．任意两点之间有且仅有一条直线。

2．直线沿其两个方向可以无限延长。

3．给定中心和半径，有且仅可以作一个圆。

4．所有直角都相等。

5．过线外一点，有且仅有一条不与该直线相交的直线。

现在看来，前4个公理的正确性是显而易见的。正是因为欧几里德给出了这些最基本的公理，才使得他的工作影响深远。因为唯有在对最基本的概念作出无懈可击的认定的前提下，才有可能针对原本模棱两可的定理给出明确的论证。同时，我们只能依赖这样严密的思维逻辑过程进行步步推理——任何一个定理的论证含混不清，都会导致整条逻辑链断开以至无法继续。

■ 平行线和欧几里德的局限性

欧几里德的第5个公理涉及平行线的假设，它并不像前4个公理那样容易理解。“过线外一点，有且仅有一条不与该直线相交的直线。”——该公理又被称为平行线假说。现在，我们已经把这个假说当做基本的中心定理，它是所有基本几何问题的核心内容，在实际应用中也存在着无数的例子，比如列车轨道等。

然而，欧几里德对平行线假说并不满意，他对这个假说还存有疑虑和迷惑。对于点线或二维、三维平面，欧几里德的几何学研究结果都是适用的。无论地球看起来多像一个平整的表面，它的实际表面却是一个弯曲的、包含了时间项的、大于三维的多维空间。欧几里德的平行线假说意味着，过一个定点只能作一条已知直线的平行线，但假若空间是弯曲且多维的，那么就可以画数条这样的平行线。同样，根据欧氏几何理论，三角形的内角和总是恒等于180°。然而如果三角形是画在一个球面上，那其内角和便会大于180°。

19世纪，著名数学家卡尔·高斯认识到欧氏几何的局限性，并由此发展了一门新学科——曲面多维空间几何学。但不管怎么说，欧几里德的著作依然是2200多年以来几何学研究的基石，也是现在几何学学科的核心。除此之外，欧几里德通过缜密的逻辑过程建立基本原理的方法——通过逻辑思维，演绎推理，经验和证明——这一系列有效的思维方式，始终是学术界备受推崇的科学方法。

阿基米德

约公元前287—前212年

阿基米德也许是全世界最多产的发明家，但有趣的是，他更希望被世人所铭记的是自己的理论学说，而不是各类发明创造。根据伟人生前的遗愿，他的墓碑上雕刻了一个球内切于圆柱的图形，因为对这一几何比例的揭示是他毕生最引以为豪的成就之一。

“给我一个支点，我就可以撬起整个地球”，约公元前260年，阿基米德曾自豪地对西西里岛的叙拉古国王赫农王二世说出这句话。国王听后大为惊奇，要他把主张付诸实际，请他去拖动海岸上的一艘大船。这艘大船载重4064吨，是当时最巨大、最华丽的船只。不少由青壮年民众组成的队伍纷纷尝试拉动这个庞然大物，却都以失败告终。阿基米德设计了一套复杂的杠杆滑轮系统安装在船上，当他仅用一只手轻轻拉动绳索时，奇迹出现了，大船缓缓地挪动起来，最终下到海里。

阿基米德的一生变成一个传奇，他的故事也因此而广为人知，代代传颂。毫无疑问，他是古代最伟大的发明家。他不仅设计了一套杠杆滑轮系统拉动了大船，而且还制造了世界上第一台水泵，后世称之为“阿基米德螺旋泵”。迄今为止，还有部分地区仍在使用这套装置。除此之外，他还绘制了一幅天象图用来总结行星的运动规律；发明了一种可以向敌船发射燃火弹的机械。当他的家乡叙拉古遭到罗马舰队的侵略时，阿基米德和同胞一起为维护国家安全作出了伟大贡献：他制造了一台巨型投石机，以雷霆之势轰炸敌船；利用大量凹镜聚焦阳光，点燃敌舰；设计了一个抓钩装置，能向对方甩出云梯，反击侵入的敌军；更厉害的是，由阿基米德制造的“铁爪式起重机”甚至还能把巨大的敌船从大海中提起并倒转。

不过，相比之下，这些发明创造在阿基米德对全人类的所有贡献中只占据了很少的一部分，他自己甚至没把这些当成主要的个人成就。和其他希腊先哲一样，他非常重视在抽象理论和数学方面的研究。罗马的著名作家普鲁塔克曾在文中这样描写阿基米德：

（他）不屑于去阅读任何（关于实践发明）的著作。他认为制造仪器是卑微肮脏的工作，几乎各类工艺都与应用和利益有关。他竭力避免把精力浪费在一些日常生活的小发明上，而是致力于把它们（理论）做进一步的完美和升华。

现今的考古研究表明，普鲁塔克对阿基米德的叙述并不完全客观，因为阿基米德和同时代的其他思想家不同，他积极地将理论与实际应用结合，进行一系列的应用实验。对于自己成功的发明创造，他一直感到兴奋不已。

毫无疑问，阿基米德在科学理论方面的杰出贡献是永恒的人类遗产，正是这些成就使他成为历史上（在牛顿以前）最伟大的科学家，牛顿本人也是阿基米德理论的虔诚信徒之一。

严格意义上讲，阿基米德堪称第一位科学界大师。在阿基米德之前，当然也有不少伟大的思想家在钻研科学课题，他们的成就同样值得留诸青史。但不同点在于，阿基米德是采用科学方法思考问题的第一人。他所有的抽象学说都可以借助数学运算和实验得到肯定或否定的结论，如今这已成为科学研究中常用的探索和验证方法。

阿基米德的生平

大约在公元前287年，阿基米德出生于西西里岛的叙拉古，那里就是后来希腊的殖民地。他是希腊人而并非西西里岛人。当时，叙拉古位于罗马和迦太基两国的国界上，是一个战事频繁的边缘城邦，同时也由此成为一个科技文化较发达的地区。英明的统治者赫农王二世和他的儿子杰隆王都接受过良好的教育，据考证，阿基米德很可能就是杰隆王的辅导老师。

众所周知，在当时，唯有埃及的亚历山大城才能给予学生较正规的教育，因此，青年阿基米德不远万里赶往那里。当他抵达亚历山大时，这座城市已经是古代最集中的知识密集区了。在此之前的半个世纪里，当阿基米德发现，浴缸中的水溢出体积与浸入的物体体积相等时，他跳出澡盆，连衣服都顾不得穿就直向王宫奔去，并一路高声呼喊着："尤里卡！"

亚历山大大帝在这里建立了城池，新建的博物馆和图书馆虽然才仅仅经历了20年左右的时间，藏书量却已经达100000卷以上，其中包括先哲亚里士多德所有的珍贵作品，其规模在当时世界中首屈一指。各类人才也常常在馆中传道授业：伟大的欧几里德在这里教授过几何学等课程；阿利斯塔克向人们演示过地球围绕太阳旋转的模型；希帕恰斯则根据星星的亮度将它们分门别类，并由此开创了星座学。此后不久，伟大的天文学家、数学家托勒密编写了《天文学大成》，这部巨著包含的深邃思想在此后1500年内对天文学的发展一直影响深远。遗憾的是，阿基米德来到亚历山大城不久，欧几里德便与世长辞了。不过，阿基米德有幸认识了古希腊博学多才的思想家埃拉托斯特尼，这位学者曾成功地用三角测量法测量了阿斯旺和亚历山大城之间的子午线长度，并由此估算出地球的周长。直至半个世纪以前，科学界始终公认他所编制的年表是最精确的。

阿基米德在亚历山大接受了哲学和数学的基础教育，但他在那里的表现并不出众。史学家考察发现，他曾被委任为工程师，负责尼罗河三角洲大规模的灌溉工作，伟大发明"阿基米德螺旋泵"或许就诞生在那段时期。

此后，阿基米德回到祖国叙拉古，他在那儿进行发明、研究，在思索的工作中度过了余生。据当地文献记载，阿基米德是一名典型的毕生追求高深知识的科学家。他对生活细节毫不关心，常常忽视自己基本的衣食需求。

有关阿基米德的最有名的、流传最广的一个故事是关于他在浴缸中发现流体静力学的基本原理的故事。赫农王把纯金块交给一名金匠，让他做了一顶纯金的皇冠。做好后，国王却疑心工匠在皇冠中做了手脚，把部分黄金偷梁换柱，掺进了其他廉价的金属。但问题在于，这顶金冠与当初交给金匠的纯金一样重，到底工匠有没有捣鬼呢？既想检验真假，又不能破坏王冠，这个问题难住了国王。于是国王将王冠交给了阿基米德。阿基米德冥思苦想了很多方法，但都以失败告终。有一天，他去澡堂洗澡，他一边坐进澡盆里，一边看到水往外溢，同时感到身体被轻轻托起，他突然恍然大悟。

阿基米德跳出澡盆，连衣服都顾不得穿就直向王宫奔去，一路高声呼喊着：“尤里卡！尤里卡！”（我知道了！我知道了！）。接着他把想到的方法现场演示给国王。首先，把一块和金冠相同重量的金块放入水中，测量水位升高的高度；然后再把金冠放入水中，发现水位升高得比前者要多。阿基米德断言，产生这个结果的原因在于，虽然皇冠和金块重量相等，但前者体积却大于后者体积，这就意味着皇冠中掺入了其他的金属杂质，而不是纯金打造的。胆敢欺骗皇帝的金匠随即就被判处了死刑。

无论这个故事是真是假，它作为一个典型事例，向我们展现了阿基米德解决难题时那超乎常人的敏捷思维和杰出才华，以及他从一件生活小事洞察其内在科学原理的能力。这大概是他在流体静力学领域取得突破性进展的一个出发点（流体静力学，即研究流体在外力作用下处于静止平衡的规律，参见第12页的图片）。

数沙术

在一封著名的阿基米德写给他的学生杰隆王的信件中，他指出，无论多大的数字，都可以用数学方法来表示。他写道：“杰隆王，有些人认为谷物种子的数量是无限不可数的……但是我会用数学方法向您证明我可以表示……数字范畴超过了充满宇宙大球体内的沙粒数量。”阿基米德指出，可以通过“多层”（level）——现在所说的“幂”——的方式来表示很大的数。如2乘以2，即2的2次幂，结果是4。2乘以2后再乘以2，即2的3次幂，结果是8。在此基础上再乘以2，则为2的4次幂，结果是16。阿基米德还引入了任意数字的符号P，将其自身连乘了100万次，就是一个很大的数字了，尤其当P本身代表一个庞大的数时，那就更大了。而且他还指出，其实可以进一步表示更大的数字。

数学领域的研究

阿基米德还尝试着运用数学方法解决问题。虽然他并不是第一个发现杠杆原理(要使杠杆两端的两个重物保持平衡，就必须使较轻的物体离中心支点稍远些)的人，但他持续深入的研究了这个问题，并通过数学证明得到以下结论：两个保持平衡的重物中，一个相对于另一个质量的比值与它们各自距离杠杆支点的距离成反比。此外，他还颇为睿智地指出：每个物体都有一个重力作用的中心点，可以把整个物体的重量看做集中于此点。同样，他也通过数学推导验证了这个观点。

有趣的是，他不但把实际问题看成数学问题并着手解决，同时也将抽象数学问题进行实体化解决，这一创造性思维的意义直到2000年后才为人们所熟识。阿基米德引以为豪的是他对几何难题的解答，尤其是规则物体的体积计算，如球体和锥体等。

阿基米德的部分数学成果是古希腊传统意义上纯粹的抽象研究。例如，他发现球体的表面积等于其“最大的圆”（内切圆）面积的4倍，换句话说，相当于相同半径平面圆面积的4倍。他还通过计算证明，等边圆柱体积与内切球的体积之比是3∶2。他对自己的这项研究成果非常满意，并要求在墓碑上铭刻一个内切于圆柱体的球体，正如我们现在看到的那样。所有的这些成就都是他引入实践方法获得的成果。

↓凹面镜反射聚焦太阳光示意图，传说在公元前214年由阿基米德设计，在罗马和迦太基之间的第二次古迦太基战争中，被用来点燃进攻叙拉古的罗马战舰。

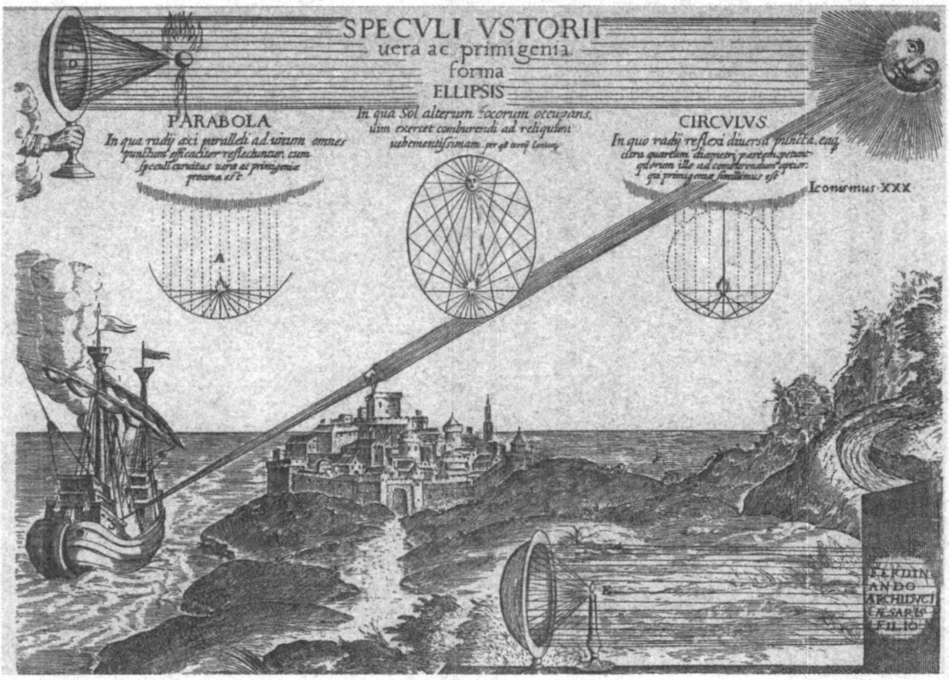

沉和浮的原理

阿基米德最伟大的研究成果之一，就是对液体浮力和物体漂浮的研究。他注意到，物体在水中的重量比在空气中要轻。一个很重的人可以在游泳池中浮起来，这就是由于浮力的存在——水使一种向上的托力作用在他身上。然而，当物体浸没在水中时，它的重量将使它下沉。但是阿基米德发现，物体受到的浮力大小等于物体排开的水的重量，因此物体会一直下沉直到其重力等于水的浮力为止，此时它便是漂浮的。比水轻的物体会上浮，而比水重的则会下沉。阿基米德运用简单精确的数学关系描述了这个物理关系。

这是一个惊天动地的大突破，因为这样一来，海船制造者就可以预测他们的船只是否会沉没，而不必通过反复的测试来验证，甚至以一场海难悲剧来收场。阿基米德还根据不同的海船形状，进一步计算出了哪种船只的外形和角度适合上浮。尽管他的大量工作都是纯理论性质的，但它们在实际应用中还是具有至关重要的作用——因为造船匠们可以根据这项结果，预测船只是否有可能覆没。

↑ 阿基米德凭借自己设计制造的一套杠杆滑轮系统，单手拉动大海船并使之靠岸。

传统的古希腊观念是蔑视实践的。古希腊人信奉柏拉图的思想，认定纯数学是通往不完美世界背后的完美真理的唯一钥匙，因此任何学问都不能应用到实践中，任何精确优雅的计算过程都不具有现实意义。阿基米德的过人之处在于，他不仅看到了这种思想的局限性，还敏锐地发现了通过估算可以达到的实际成果，这里用到的思维方式遵循的是希腊人所说的“机理”。从阿基米德给一位亚历山大同行的信中可以很明显地看出，他已经意识到自己的做法与传统的古希腊观念有着相当大的分歧，“这些和几何学理论有关的原理，前人没有发现而被我发现了。我是第一个通过分析其表面现象挖掘其内在原理，并借助几何学将它表示出来的人”。

这种方法使阿基米德在科学道路上受益匪浅。例如，他为了估算圆面积，在圆内画了一个最大的正六边形，在圆外画了一个外切正六边形，因为他认为圆面积应该介于两个六边形面积之间。当把六边形切割成有96条边的多边形后，他可以将误差缩小到尽可能小的范围内，由此计算得到了圆周率的数值为22/7，这个结果即便放到现在仍然是非常实用的。

同样，阿基米德研究了曲线图形问题。他把要求面积（或体积）的曲线形分割成若干矩形，这些矩形的面积越小，数目越多，则所有矩形面积（或体积）总和与所求曲线形面积（或体积）的准确数值越接近。这就是几千年后曲线（或曲面）积分的基础，是许多科学家(如牛顿及其后继者们)在研究中有力的数学工具。

■ 阿基米德之死

当罗马士兵侵略叙拉古城时，阿基米德已是一位年近80岁的垂垂老朽，但他依然充满了创新的活力，整日埋头于学术研究。罗马舰队逼近叙拉古城时，阿基米德正绞尽脑汁思索御敌良策。可惜，即便是阿基米德这样的智者，也无力阻拦罗马军团侵入的脚步。

罗马的统帅马赛拉斯对阿基米德的智慧早有耳闻，并被其出众的才能所征服，于是他命令士兵在进入叙拉古城后，务必要礼遇这位伟大的科学家。然而不幸的是，进入阿基米德住处的罗马士兵没来得及收到这个军令。相传，当无知的士兵破门而入时却发现阿基米德正全神贯注地在地上的细沙中作图和演算。“不要碰我的图纸！”阿基米德高声斥责这位士兵。疲于征战的士兵勃然大怒，命令阿基米德跟他走。然而阿基米德坚持要把题目解完，于是凶残的罗马士兵用剑刺向这位老人，杀死了他。

阿基米德虽然享有盛名，但他的许多著作都遗失了，人们只能零零碎碎地搜寻并加以整理，部分重要的学术成果可能再也找不到了。幸运的是，阿基米德的一部重要著作于1906年重现天日，丹麦文献学家海尔伯格在耶路撒冷一个修道院发现了一本中世纪的羊皮卷。经鉴定，这是一部在最终定稿前方便涂改的手写草稿原本。其中除了传统的圣经内容外，还包括了大量阿基米德关键性研究成果的隐藏复本。

在欧洲中世纪的早期，阿基米德相当一部分的成就由阿拉伯的数学家们所继承，并最终在17世纪的欧洲科技革命中大放光彩。伽利略将自己的成绩归功于阿基米德，“如果没有阿基米德，我将一事无成”。牛顿曾有名言：“如果说我比别人看得远一些，那是由于我站在巨人的肩膀上的缘故。”对他来说，所有巨人中最伟大的一位就是阿基米德。

↑阿基米德在叙拉古城死于一名对数学一窍不通的罗马士兵之手。

希帕恰斯和托勒密

希帕恰斯（又译依巴谷，大约公元前200—前126年）和托勒密（约公元90—168年）是古代伟大的天文学家。二人的成就共同构成了此后的1500年中天文学研究的基础。

托勒密
约公元90—168年

希帕恰斯和托勒密对宇宙星体进行了较为全面的分类，并汇编了第一部有关天体运行的著作。该书包罗万象，如编制了太阳和月亮的运行表，以分析其变化规律等。人类对天文学的最初认识可以追溯到史前年代，人们在晚上凝视星空，根据月光决定外出打猎的有利时间。大约1万年以前，当人类进入农业文明时期，人们也会借助天文学来确定适合播种的时刻。之后，天文学的重要性逐渐上升，天文学家的地位之高往往可以与大祭司相媲美。许多古代的著名遗迹也与天文学的关系密不可分，例如，埃及金字塔和史前巨石阵等。

■ 希帕恰斯其人及成就

当希帕恰斯大约于公元前200年降临人世时，天文学已经发展成为一门著名的古代科学。尽管他生前曾经闻名遐迩，逝世后其肖像还被雕刻在罗马硬币上，但关于他的生平我们知之甚少。据考证，他的出生地可能是比西尼亚的尼西亚（Nicaea），即现在土耳其的伊兹尼克。希帕恰斯从青年时期就开始整理汇编当地的天气记录，并尝试着探索季节性气候和特殊星体升降之间的联系。他一生中的大部分时间基本上都在希腊罗德岛度过，这里离埃及的亚历山大很近，他对天文学的研究也主要在这里开展。托勒密在著作中曾提及希帕恰斯在罗德岛上对行星开展了大量的观测工作。大约公元前126年，希帕恰斯在罗德岛与世长辞。现在我们对他的了解更多是来自于间接的资料，它们的可信度仍然无法得到核实。

希帕恰斯在天文学方面的研究著作广泛而丰富，他还为此专门编写了一部目录手册，可惜经过历史动荡多已散失，现在仅流传下一本在当时流传甚广的《物象》的评论。《物象》是一部描述天文星象的长诗，对研究古代的天文学和气象学具有极大价值，由亚历山大学者阿拉托斯和欧多克索斯编写。尽管这部评论与希帕恰斯的天文学研究成果毫不相干，但从他对诗中描述星群时的部分错误的严厉批评中，我们可以看出他严谨得近乎苛刻的科学态度。希帕恰斯在托勒密的书中被描述成"真理的情人"，假如希帕恰斯真的如此严谨和公正，那么他对自己的要求实在是非常严苛，一旦有了新的发现，便会随时修正自己的观点。

· 工作中的希帕恰斯

不可否认，希帕恰斯是一名善于观察的科学家，常常会发现许多新鲜事物。同时，他大量吸取中东地区长久以来对天文学的研究成果，特别是古巴比伦的研究资料，这其中的只言片语蕴藏着波斯帝国废墟下残存的思想光辉。

公元前134年，希帕恰斯观测到一个罕见的天文现象，他发现夜空中出现了一颗新星（从未被观测到的一颗恒星）。而直到1572年，才由第二位天文学家第谷·布拉赫再次观测到了这颗新星。相传，正是这个异常发现在希帕恰斯脑中燃起了新的念头——将当时已知位置的850颗左右的恒星进行分类。这种分类方法被托勒密继承和发展，直到16世纪仍然被不少天文学家采用。事实上这种分类方法极其精确，甚至在1800年后，天文学家爱德蒙·哈雷把自己的天象图与希帕恰斯的分类进行比较时，惊奇地发现几个世纪以来这些行星位置的变化简直微乎其微。

希帕恰斯还把肉眼可观测到的星星按亮度大小从高到低分为六等。根据他的观测，天狼星是这些星星中最明亮的，因此被定义为一等星，而肉眼可见的最暗星体则是六等星。尽管现今的研究范围在不断扩大和变化，天文学家们还在沿用他的这套方法来区分不同的星体。

希帕恰斯的卓越工作要归功于他极为严谨的科学态度。试想，仅凭当时十分简陋的科学条件，他只靠一双肉眼观察星空以及参阅晦涩难懂的历史记录，却能对天体运行作出如此令人震惊的精确计算，实在令人敬佩。现代人有时会误以为古人对地球在太阳系中的位置一无所知，甚至可能不清楚地球是平的还是圆的，其实希帕恰斯（以及同时代其他希腊天文学家）对此早就有所认识，尽管他的观念并非完全正确。

和同时代的许多科学家一样，希帕恰斯犯了一个最大的错误：他认为地球是静止不动的，太阳、月亮、其他行星以及恒星都围绕着地球转动。在当时，唯有萨摩斯岛的阿里斯塔恰斯正确地认识到地球是围绕太阳运行的。尽管在星体运行方式的判断上犯了错，但由于希帕恰斯的计算精确度很高，因此即使在“恒星不动而地球运动”的正确前提下对他计算的太阳、月亮、恒星的运行轨道等数据进行验证，我们仍会发现这些错误假定下的计算结果与实测数值相差无几。

· 希帕恰斯的计算

希帕恰斯对天文研究的精确性来源于他熟练的运算能力和严谨的研究态度。据传，他发明了数学运算的分支学科——三角学，这是一门有关三角形计算的学科。此外，他还引入三角学中“弦”的概念，并推导出一套三角运算的弦表。借助这些，他可以更好地推算出地球或其他恒星的大略位置。

希帕恰斯还标注了黄道，这是他若干重要天文学研究成果的理论前提。由于地球绕着太阳公转，因而从地球上观看，太阳每年在以恒星为背景的天空绕行一周。所谓黄道，就是太阳一年中在恒星背景上走过的路线。黄道和地球赤道以一定的角度相交于两个点，分别被称做春分点和秋分点；离太阳最远和最近的点则被称做至点（分别是冬至点和夏至点）。真正引起希帕恰斯兴趣的现象是，无论太阳的运动轨迹看起来多么接近于一个圆，从春分点到夏至点与从秋分点到冬至点经历的时间长短并不相等。为了解决这个难题，他给出了一套数学方法用来计算任意一天太阳的准确路径。

他进一步测量了一年的长度。计算一年时间的方法多种多样，希帕恰斯采用的方法是计算“热带年”，即介于春分点和秋分点之间的一年。希帕恰斯将初步计算的结果与古代运算记录进行比较并作适当修正，由此得到的最终数据仅仅比现代实测结果慢了6分钟左右。

· 摆动的地球

希帕恰斯最著名的发现是“春分点（秋分点）的岁差”，这是他发挥严谨的科学作风、孜孜不倦所得到的重大成果。当他对春分点（秋分点）的恒星进行时间和位置的计算后，将结果与150年以前的记录进行比较，从中发现黄道附近的恒星位置产生了微小的移动。在考虑了各种可能性后，他得出结论：众星均在由西向东缓慢移动，而每26 000年它们将完成一周的运动回归到原位。现代的研究表明，引起这种现象的原因在于地球运转时倾斜方向的变化，我们将其称为“岁差”，以区别于其他恒星的摆动。然而希帕恰斯在当时就能观察到这一点，我们不得不承认这是一个非凡的发现。

希帕恰斯决定由此出发研究月亮的运行规律，预测日食和月食发生的时间并探索其中的缘由。然而，希帕恰斯在这方面只取得了小小的进展，因为他从来都不接受看似虚无缥缈的理论，坚持只信奉亲眼见到的证据，因此他仅仅计算出月亮和地球之间的距离与地球大小的比值。为了完成这项工作，他还参考了视差现象，即当地球运动时（或者相对于观察者希帕恰斯而言是天空在运动），较近天体相对于较远天体的运动轨迹而言，似乎有微弱的倾斜；并且天体运动速率越快，看起来就离我们越近。希帕恰斯通过这一系列复杂而颇具创新性的假设，比较了发生日食时月球的大小（看起来和太阳一样大）和发生月食时地球在月球表面的阴影大小，计算得到月亮和地球间距大概是地球半径的63倍，实际倍数则应该是60多倍。

现在所知的大多数关于希帕恰斯的信息都来源于第二手资料，如通过托勒密的书籍等途径获知。但是，科学家们于2005年1月发现了一份可以证实希帕恰斯的研究贡献绝非捏造的确凿证据。尽管在此之前曾出现过能证明希帕恰斯编写过星体分类书籍的资料，但尚未经证实。然而，美国天文学和历史学家布拉德利·谢弗有了新的发现，他注意到位于意大利那不勒斯的法尔内斯博物馆内的一座大理石雕像，该雕像高2.13米，是一件雕刻着巨神阿特拉斯背负着球体天象图的古罗马雕塑。

该雕塑背负的球体浮雕上面有星群图案，看起来像是依照一份星群目录雕刻的一样。对球体上恒星的分布进行细致分析后，谢弗计算出这些恒星的位置应该是约公元前125年的状况，前后误差不超过55年。而这恰恰又是希帕恰斯生活的年代，从而强有力地证实了希帕恰斯确实曾编写过一部星群目录。接下来科学家将进一步比较该星图和《天文学大成》中星图之间的差异。该雕塑还进一步证实，后世将希帕恰斯推崇为古代最伟大的天文学家并非空穴来风。

■ 托勒密其人及成就

现在对希帕恰斯的了解多数来自于天文学家克罗狄斯·托勒密（约公元90—168年）的著作，他于公元2世纪编写的4部书汇集了古希腊天文学的所有研究成果，其中包括著名的《天文学大成》（阿拉伯语中意为“至大”）。在16世纪以前，这些书籍一直被西方各国和阿拉伯天文学家奉为

↓《和谐大宇宙》。这是由安迪亚·斯拉利印刷的托勒密系统。该星系描绘的是以地球为中心的太阳系，该理论延续了大约1 000年。

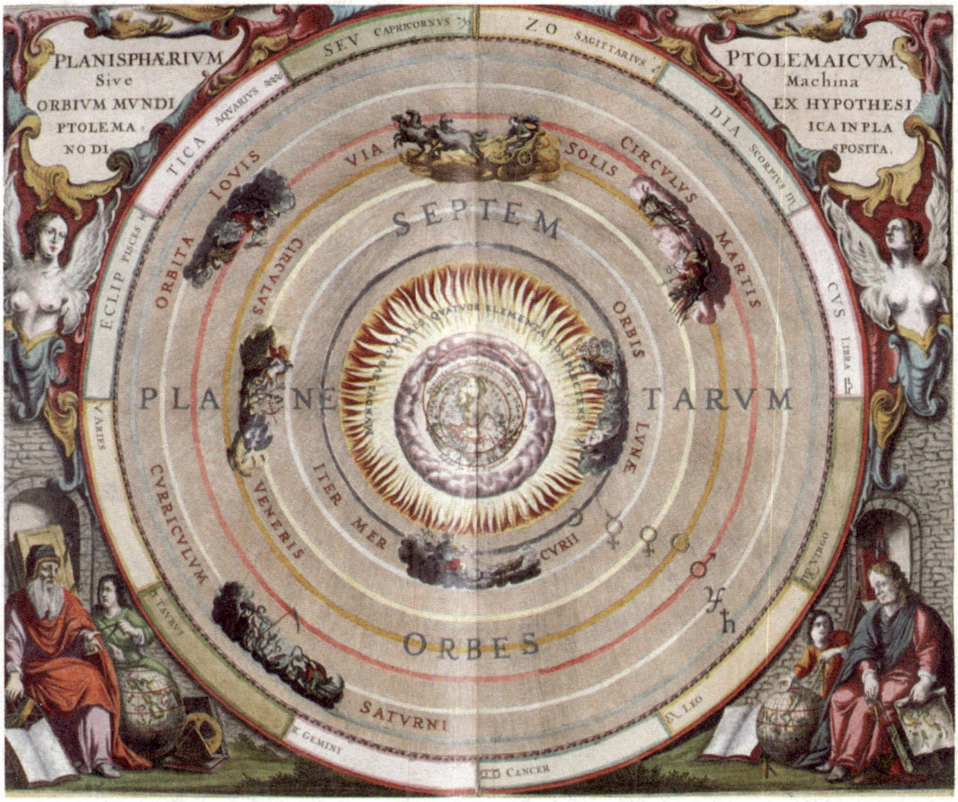

天体研究的典范，尤其是巨著《天文学大成》更是备受推崇。

有关托勒密的生平我们同样知之甚少。据考证，他是生活在亚历山大的希腊人，对他的了解仅此而已。幸好托勒密的主要著作都得以保存，这些成果对后世天文学的进步产生了巨大影响。

《天文学大成》描述了一套完整的天体运动系统，后人称之为“托勒密系统”。直到16世纪，哥白尼学说颠覆其“地心说”之前（参阅第38页），它一直是历代天文学家遵循的准则。托勒密系统所述如下：星系中心是地球，地球周围环绕着一系列呈层叠模式运行的庞大星球，包括恒星、行星、太阳和月球等。此外，书中还描绘了这些星球的升降以及它们在太空中的运行情况。

众所周知，由于地球的自转和公转，行星的运行在地球上的观察者看来并非遵循完美的圆形轨迹。它们仿佛经常会发生逆行，难怪古希腊人会称其为“流浪者”。托勒密系统独创性地提出“本轮”概念。“本轮”指的是以地球为圆心的许多同心圆，它们不仅如巨大的太空时钟般一刻不停地运转，而且最重要的是该系统极为精确，通过它预测行星和恒星的运动由此变得极为便利。难怪即便知道哥白尼指出了它的致命错误（地心说）后，不少天文学家仍然舍不得丢弃它。

托勒密的另一部巨著《地理学》相对《天文学大成》来说，影响更为深远。该书囊括了当时所有已知地区的地图。他的伟大创新在于，将世界地图上8 000个地区都标注了各自的经纬度。托勒密还创造了两种方法，用来在平坦的地图上准确表征弯曲地球表面的经纬度。然而从现代科学的视角来看，托勒密对于世界的认知并不比同时代的科学家高明多少，他的地图错误百出，唯有精确的计算方法令人叹服。不过无论如何，这都是当时绘制出的最完美的地图，《地理学》也因此成为1 300年来广为奉行的标准地图。实际上，由于托勒密错误地低估了世界的面积，他的信奉者克里斯托弗·哥伦布原以为渡过太平洋后往西航行很快就能到达亚洲，而最后哥伦布却意外地发现了美洲。

中世纪阿拉伯科学家

欧洲处于黑暗时代（欧洲中世纪的早期）期间，中东地区涌现了一大批才华横溢的阿拉伯科学家。该地区迅速发展成为当时世界的人才中心，为17世纪科技革命的繁荣发展奠定了基础。

伊本·西那
980—1037年

阿尔·花剌子密创造了阿拉伯数字和代数系统；伊本·西那（也称阿维森纳）编写的医学书在此后的1000年以内被视为典范；而阿尔·比鲁尼最早对光速和声速进行了比较，阿拉伯科学界这些辉煌可以追溯到伊斯兰教的鼎盛时期。在这段时间里，阿拉伯穆斯林信徒建立了帝国，国土从中东和北非延伸到西班牙，伊斯兰教的影响力也随之日益增强。伊斯兰世界的中心是巴格达市，由哈里发（伊斯兰教执掌政教大权的领袖称号）独揽大权统治全国。

在阿拉伯帝国的阿巴斯王朝时期，哈里发的统治达到了顶峰，尤其在哈伦·阿尔·拉西德和他的儿子阿尔·玛门执政时期，国运蒸蒸日上。哈伦·阿尔·拉西德在公元786年执掌政权，这位帝王由于在《一千零一夜》故事中被赋予的虚构形象（其中部分故事还是在他在位期间完成的）而名声大噪。在这个阶段，欣欣向荣的巴格达文化初露端倪。

伊斯兰教的教义崇尚“知识就是财富”，沙漠之都巴格达无可争议地成了所有知识活动的中心，包括自然、科技、诗歌和哲学。对于不同的思潮分支，学者们并没有区别对待，他们专心学习数理知识的同时，也写诗抒发内心情感。

公元813年，哈伦的儿子阿尔·玛门上台执政。他于公元820年建立了智慧之城，吸引了世界各地的大批著名学者。智慧之城由图书馆、研究院和大学城构成。城中的图书馆容量巨大，由于亚历山大大帝时期的图书馆已经被摧毁，因此这很可能是当时世界上最大的藏书馆了。在智慧之城中，学者的主要工作是翻译古希腊思想者的著作。欧洲中世纪的古希腊思想得以保存，很大程度上要归功于这些学者。

除了整理前人的功绩外，学者们还独立进行一些实际研究，例如搭建世界上第一个严格意义上的天文气象台等工程。此外，他们还改良了天体观测仪的制造技术，堪称是科学技术史上最有影响力的惊世创举之一。借助该技术，科学家测量星体位置的准确度达到了前所未有的高度。在医学领域，他们改良饮食结构，第一次对药物进行了较为彻底的研究，并大幅度提升了外科手术的水平。毋庸置疑，鼎盛时期的穆斯林学者是最早涉及数学、天文学、医学和化学等领域的研究者，为伟大的科学事业作出了重要的贡献。

公元833年，随着阿尔·玛门的去世，巴格达在伊斯兰世界的中心地位及其影响力开始逐渐衰退。但与此同时，广大伊斯兰地区逐渐涌现出了一大批精力充沛的学者。例如，迦兹纳维王朝时期，东部国土生活着伟大的阿·比鲁尼；而在萨曼王朝治时期，则有阿维森纳在布哈拉市开展他的事业。

■ 阿尔·花剌子密

至今很少有人了解阿尔·花剌子密的一生，而且关于他的大多数故事多半是传闻，尚未有确凿的史证。据说他出生于现在的乌兹别克共和国，即中亚咸海的南部地区。一些学者认为他的父亲是索罗亚斯德教（大约产生于古苏美尔时期）的信徒，因此他自小就是在这个古老宗教教义的熏陶下成长的。另一些学者则认为这种解释完全曲解了历史事实。据考证，阿尔·花剌子密出生于公元786年，当时的掌权者是哈伦·阿尔·拉西德，哈伦的儿子阿尔·玛门建立起智慧之城后，阿尔·花剌子密也来到了那里，潜心于科学工作。

早在公元500年，印度便已产生了数字系统。花剌子密最重要的贡献之一就在于进一步完善了这套后世称之为“阿拉伯数字”的系统，使之成为现代计数系统的基石。阿尔·花剌子密在著作《印度数字》中详细解释了这一系统：只需0～9这10个数字，便可表示从数字0到任意想象中的数，每个数值的大小只跟内部数字所处位置的排列顺序有关。比如，数值“100”中的数字“1”表示的大小是“10”中“1”的10倍，同时也是“1”中“1”的100倍。

在此之前，任何数字系统在表述巨大的数字时，都会遇到很大的麻烦，引入阿拉伯数字系统后很大程度上弥补了这个不足。比如，在原先的罗马系统中，表示任何数字至少需要用到7个字母。如数字38，其相应的罗马数字为ⅩⅩⅩⅧ；而应用阿拉伯数字系统，则要简单得多，只需7个数字就可以表示100万以内的任何数值。另外在规范运算符号后，加减等运算也变得极为便利。毫无疑问，当这套计数系统流传到欧洲后便迅速流行起来，并传播到了世界各地，真正成了世界“语言”。由于使用了阿拉伯数字，欧洲出现了新的名词——“代数”，即逐步演算的数学逻辑过程，这个名词出自花剌子密的著作《阿尔哥思齐米论印度数字》（也译作《印度算术书》）。

■ 代数的发明

客观上，阿拉伯数字的发明在某种程度上必须归功于多位印度数学家的辛勤工作，阿尔·花剌子密只是参与其中。他的主要科学贡献在于创造了代数以及全新的数学分支。在创造和发展代数学科的过程中，阿尔·花剌子密不仅发展了抽象理论，还将其与实践应用相结合。在代数书的引言中，他指出，自己的研究目的是“找到最简单有效的数学方式，人们可以通过这些方法来处理日常事务，如遗产分配、诉讼和商贸以及其他相关事情。此外，测量土地，挖掘运河和进行几何运算等，也需要用到这种数学方法”。

现在的观念认为，代数学在计算中常常用符号替代未知数字进行运算，但是实际上阿尔·花剌子密并不使用符号，他用文字写出了所有的计算过程。正是在处理等式的过程中，花剌子密创造了代数学。

■ 化简和配平

在阿尔·花剌子密的代数书中，他主要阐述的是线性方程（不含有平方项的方程式）和二次方程（含有平方项和平方根的方程式）。他的重大突破在于，通过代数（Al－jabr）和平衡（Al－muqabala）两种方法的结合，将方程都做了相当大的简化处理。

在阿拉伯语中，Al－jabr的意思是“转换”，是指除去多余负项的意思。用现在的话说，就是“简化”，如，等式$x^2=40x-4x^2$ 化简为 $5x^2=40x$。Al－muqabala的意思是“配平”，就是把所有的正项化为最简单的形式，比如给出等式$50+3x+x^2=29+10x$，即可配平简化为$21+x^2=7x$。

伊本·西那（阿维森纳）

伊本·西那（拉丁名为阿维森纳，画像见第21页），公元980年出生于中亚历史名城布哈拉附近，是个神童。相传他10岁时不仅会说朝鲜语，而且还能背诵大量的阿拉伯诗词，16岁时就被称为诗人。他一生治病救人，颇具传奇色彩。伊本·西那在宫廷里当过一段时间的御医，给许多王子和哈里发诊治过疾病，但由于当时政治环境混乱不堪，以致他在医学界的权威地位一直没有得到认可。伊本·西那也是当时最有名的哲学家、学者、数学家和天文学家。他撰写的书籍包罗万象，涉及了科学主题的方方面面，堪称是百科全书式的学者。此外，他在诗歌方面也颇有造诣，写了不少短篇诗歌，其中一篇写到：

我在地狱悠悠飘过命运大门
心满意足地坐在撒旦的王座上
世间难题在我手中迎刃而解
但唯独解不开命运给人的结

伊本·西那在闲暇时间进行了大量的天文观测工作，还发明了游标卡尺刻度，使测量更为准确。他在物理学上也作出了许多重要贡献，比如确定不同的能量形式——热能、光能和机械能。他提出了一种初步的量子原理，即如果光由一系列的粒子组成，那么它的速度就不是无限的。伊本·西那还创造了数学计算法——舍9法，可用于论证平方和立方的概念。

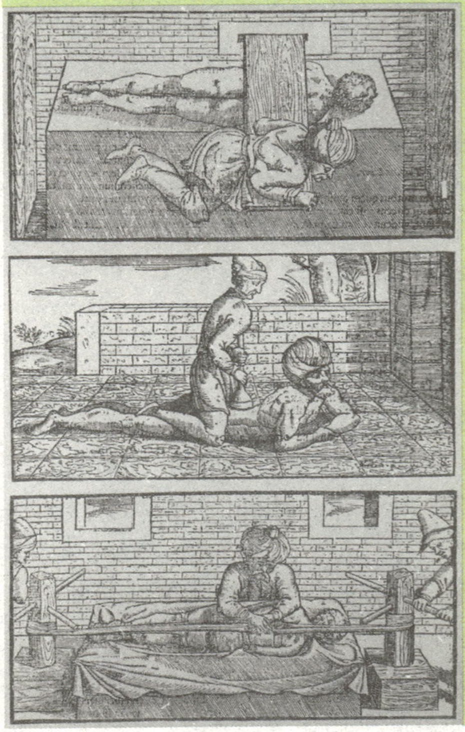

←伊本·西那治疗骨折和脱臼方法图。上图：利用水平板的杠杆作用，对骨骼施加压力；中图：利用器械撞击，施加压力；下图：利用器械对胳膊、腿或脖子不断拉伸，治愈肌肉痉挛以及减轻压力。

然而，这些研究发明与他的医学巨著《医典》相比，便会显得暗淡无光。《医典》的出版奠定了伊本·西那的地位，令他名声大噪。这部百万字的巨著，洋洋洒洒，囊括了从远古时期到穆斯林时期的全部医学成就。在此后的600年里，《医典》被欧洲各国医生当做经典医学书籍而广为流传。到了20世纪，人们把它翻译成拉丁文等各种语言，仍惊讶地发现它的论述非常全面而系统。

《医典》除了汇总已有的医学知识外，还包括了伊本·西那自己在实践中获得的一些观点。比如，他第一次认识到肺结核和肺炎存在实质性的不同。他还认识到，疾病可以通过土和水进行传播，人的精神状态可以影响健康状况。他是第一个描述脑膜炎病症的医生，并且认识到神经系统可以传递痛觉。这本书还包括了对760种药物的介绍。在后来的几个世纪里，这本书一直被医生奉为行医“圣经”。

通过这种方法，他可以把任何方程式简化为6个简单的标准方程，然后通过相应方法，对每个方程分别求解。同时，他还对解题方法提供了几何上的理论依据。一些学者认为，花剌子密一定研读过欧几里德的几何学论著，尤其是巨著《几何原本》，这部书是由他在智慧之城中的同行们翻译的。还有一些学者则认为，花剌子密论述的几何方法与欧几里德的思路大相径庭，并由此猜测，他参考的几何资料来源必定另有其人。

在代数学的发展过程中，阿尔·花剌子密还参考了印度数学家如婆罗摩笈多等人的杰出成就，并最终超越了前人的成就。由于阿尔·花剌子密将代数学简化后，重新把它构建成了一个贯通完整的体系，因此他被后世尊称为“代数之父”。代数这个词来源于他所写的著作《移项和消去的科学》。

■ 地球和星体

和其他的阿拉伯学者一样，阿尔·花剌子密的兴趣不仅仅局限在数学上。他的著作除了数字和代数等主题外，还包括了地理学方面的研究。例如，《地形之书》，这部书在托勒密学说的基础上，论证了通过经纬度来确定地理位置的问题，并且进一步提高精度，修正了地中海的长度并重新校正了亚洲和非洲地区的经纬度。此外，阿尔·花剌子密还帮助阿尔·玛

门哈里发绘制了国土地图，参与了皇室的一个研究计划：通过测量相差一个经度的地球表面距离来估算地球的周长，他们选择的测量位置穿越了伊拉克的辛亚尔平原。尤其值得一提的是，早在这个时期，学者们就已经不再认为地球是平地了。

阿尔·花剌子密还利用闲暇时间，探究天文学难题。他编制了天文表，改进了用于计算星体位置的正弦表。

据传直到3个世纪以后，阿尔·花剌子密的著作才由摩尔人传到了欧洲西部。尽管在当时耽搁了几百年时间，然而知识的生命力是永恒的。直到今天，阿拉伯数字和代数学仍然是我们进行科学工作的重要工具之一。

←14世纪的阿拉伯星盘。星盘，即在给定时间和位置的条件下，用来预测星体分布的仪器。

阿尔·比鲁尼

波斯学者阿尔·比鲁尼与伊本·西那生活在同一时代，相传他们两个曾经合作过。他从小就有极高的语言天赋，除了会母语阿拉伯语外，还能说土耳其语、波斯语、梵语、希伯来语和叙利亚语。迦兹纳维王朝时期，统治者马哈茂德在出征印度时，常让阿尔·比鲁尼伴其左右辅佐自己工作，这或许就是阿尔·比鲁尼那超人的语言能力的来源。当然，这些经历也成了他编写名著《印度故事》的蓝本。阿尔·比鲁尼并没有作出过任何特殊的贡献，但他的研究范围涉及极广。他第一个建立了三角学，这门学科在后来逐渐发展成为数学的一个分支。他在论文中写到了药物在医学中的效用，率先提出了光速比声速快的理论。他宣扬地球绕轴心旋转的理论，这与当时普遍认可的观点截然相反。此外，他在进行大量关于经度和纬度的精确计算后，得出了非洲大陆不会永远向南延伸的结论。他还精确计算出宝石和金属的密度，并发现花朵的花瓣数只可能是3、4、5、6或8片，而不可能是7或9片。

列奥纳多·达·芬奇

列奥纳多·达·芬奇（1452—1519年）以精湛的画艺享誉世界，如作品《蒙娜丽莎》等。然而，人们通过他的笔记发现，达·芬奇还是一位卓越的科学家，甚至堪称近代史上第一位伟大的科学家。

1452—1519年

翻开列奥纳多残存的记事本，我们才发现原来他还是一位才华横溢的科学家。在几千页的纸张上面，达·芬奇绘制了许多设计图纸，每一页都写得密密麻麻，内容包罗万象，涉及他对各个学科领域——地质学、解剖学、重力学、飞行学、光学等的思考。同时，人们还可以发现，列奥纳多的思维带有跳跃性，同一页的内容往往会从一个主题跳到另一个。

这当中，最著名的当属列奥纳多的各种新发明。从他为机器设备所做的笔记和草图来看，有些发明只是一个初步的设想，而有些甚至已经绘制出了细节。列奥纳多的发明涉猎甚广，从新式武器到供水装置，无不在他的思考范围之内。然而真正令人叫绝的是他的众多设想已经远远领先于当时的年代，直升机、坦克、汽车、飞机、自行车、降落伞……如此种种，均在列奥纳多的笔记中一一出现，而它们直到500多年后才成为现实。更令人无法置信的是，列奥纳多居然曾经把其中一部分梦想付诸实践。自古以来，除了少数直接读到过他手稿的人之外，几乎没有人知道这些，他的科学记录也几乎无人知晓。

列奥纳多的字体较小，还喜欢写成镜像形式，使得解读工作更加困难。据分析，这样可能比较有利于他用左手书写。然而，在学者们认真研读了列奥纳多的科学记录后，便公认他是历史上最有智慧的科学家之一。从解剖学到天文学的跨越显示了他思维之开阔，而他的发明创造也显示出他那时已经走在了时代的尖端。尤其是在地质学研究中，列奥纳多讨论了沉积物（矿化物）、地层、化石和地球年代的情况，并预见到300多年之后（19世纪纪初）那次关于板块学说的大辩论。更加值得关注的是，列奥纳多认为实践是发现真理的最佳途径，极力强调实践在科学研究中的重要意义，这种观念对后来几个世纪的科学研究产生了深远的影响。他曾经这样写道，“脱离实践的理论是毫无用处的”。

令人费解的是，面对自己如此浩瀚的科学成果，列奥纳多却选择了不予公开。至于他在笔记本中记录这么多内容的原因，至今尚无人知晓。大多数人都认为，他的构想本来已足够成书出版，但由于他的坚持，那些非凡的思维结晶最终没有公之于世。结果，列奥纳多对科学的发展也几乎没有产生任何的推动作用，因此世人熟知的列奥纳多·达·芬奇仅仅是一名艺术家。我们唯一可以推测到的是，如果当初他把设想公布于众，那世界必定会产生极大的变化。

■ 芬奇镇的童年

1452年4月15日，列奥纳多出生在意大利托斯卡纳地区的芬奇镇。母亲是一个女仆，名叫凯特里娜，生他时她才16岁。父亲塞尔·皮埃罗则是当地的公证人（律师）。小列奥纳多出世后不久，塞尔·皮埃罗又与当地的一名财产继承人阿碧拉成婚，而凯特里娜在把儿子的抚养权交给皮埃罗后，自己则嫁给了当地的一个牧牛人。皮埃罗和他的新夫人很少花时间照看婴儿，而是委托他的祖父母和舅舅弗朗西斯科代为看管。

列奥纳多在童年时就表现出了超乎寻常的天赋，他拥有一副动听的歌喉，并很快就学会了弹奏七弦琴。他还善于骑马，并且对数学表现出异常的兴趣。列奥纳多还喜欢一个人到芬奇镇外的乡村漫步，随身还携带着一本记事本，上面记录着许多行星和动物的素描，令人惊叹不已。

■ 列奥纳多在佛罗伦萨

1468年，列奥纳多的祖父逝世后，他们举家搬往佛罗伦萨。当时的佛罗伦萨百家争鸣，各种创新思维层出不穷，整个城市弥漫着一种令人愉悦的美妙气氛。佛罗伦萨大教堂的雄浑圆顶是城市中最具有代表性的建筑物，由布鲁内莱斯基设计。大街小巷上，各个著名工场和画室创造的艺术作品更是令人眼花缭乱，为城市平添了一道亮丽的风景线。其中包括基贝尔蒂的旷世之作——洗礼堂和多纳太罗雕刻的“大卫”青铜雕塑。当时，列奥纳多的父亲已经注意到儿子在绘画上的才能，于是就把他送到佛罗伦萨最有名的雕刻家、画家和金匠——安德烈·委罗基奥的工作室当学徒。

在名师的指点下，列奥纳多的技艺突飞猛进，并很快就超越了他的老师。传说，委罗基奥因此羞愧难当，从此便不再涉足绘画行业。列奥纳多常穿一条亮粉色的超短裤子，他的特立独行使人们纷纷怀疑他的性别。而他似乎确实对女人从来不感兴趣，他曾在笔记本上写道，“一切与生儿育女有关的事情都令人厌恶，一旦所有漂亮脸蛋和性别特征从这个世界消失，人类就会灭绝”。无论真相如何，他无心于人际关系的个性从侧面成就了他的事业，因为这使他拥有更多的时间思考问题和提升艺术修养。

列奥纳多在米兰

1480年，列奥纳多得到伟大的洛伦佐的器重，为佛罗伦萨最显赫的麦迪奇家族服务。他很快就投入了新作《贤士朝圣》的创作，但不久后便暂停了绘画工作，转而写信给米兰公爵鲁多维利·斯福扎。在信中，他以

↓ 图为按照列奥纳多绘制的发明草图之一——依靠弹簧提供动力的自动行驶车——制造的模型。

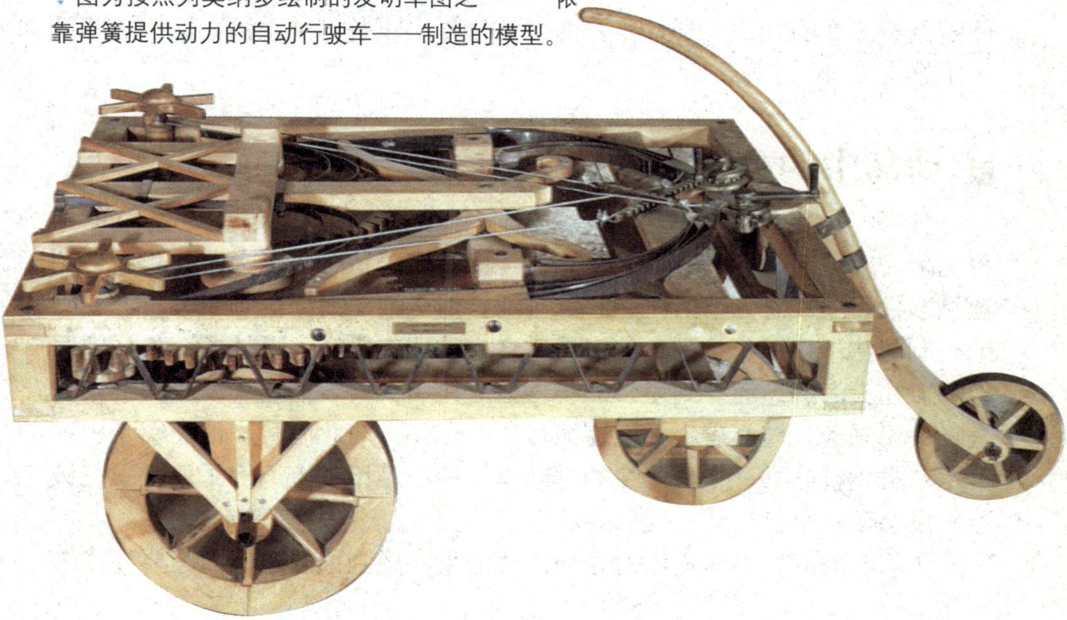

一名军事工程师的身份向公爵毛遂自荐，而很少谈及自己在绘画和雕刻方面的才能。他说自己能够建造装甲车、攻城机车，以及经久耐用的旋转浮桥和军用弹弓。鲁多维利一开始并没有注意这封信，但很快列奥纳多就收到了公爵让他前往米兰公国的邀请，并在那里度过了整整17个年头，直到1499年米兰公国被法国攻陷（鲁多维利逃离该城）才离开。

在米兰的日子里，列奥纳多的工作变得繁忙起来。除了绘画和筹备宫廷节日外，他还要为各类技术工程，如建筑、防御工事、下水道、给水供应系统等提出合理化的建议。他在米兰最杰出的成就就是油画《最后的晚餐》（1495—1498年），有些人甚至认定它堪称史上最完美的画作。

然而，他倾注心力最多的一项工程并不是这幅画，而是一尊鲁多维利骑在马上的巨大青铜像。他原想创作一个前蹄腾空的铜马雕像，但由于当时浇铸工艺的水平有限，这座雕像的创作最终没有成功，这也成为他的理想脱离现实而导致的诸多败笔之一。后来，著名雕刻家米开朗琪罗还曾拿这件事嘲笑他，两位大师经过激烈的争辩最终决定在画艺上一较高下，绘画题材选定以一次大场面的战争为蓝本。列奥纳多画的是《安吉亚瑞战役》，而米开朗琪罗画的则是《凯萨亚瑞战役》，遗憾的是两位大师都没有完成各自的作品。列奥纳多中途放下画笔，在佛罗伦萨的圣玛利亚纽瓦医院研究了大量病例，并动手解剖了不少尸体，从而大大扩大了自己在人体解剖学方面的知识。1510年，他曾经打算出版解剖学手稿，但最终却不了了之。

动荡中的列奥纳多

自1500年起，由于政局动荡不安，列奥纳多不得不辗转于意大利的佛罗伦萨、威尼斯和罗马等地，从未在任何住处停留一年以上。几年后，列奥纳多投靠了残忍无情的凯萨·波吉亚，他走遍了凯萨的领土，研究新的地图制图法。1503年，列奥纳多经过多方的调查研究，设计了一条从佛罗伦萨通往大海的运河。到了1505年，他对作品《安吉亚瑞战役》的工作完全丧失了兴趣，转而着手《蒙娜丽莎》的创作。与此同时，他还写了一本关于鸟类飞行的书。在两年多的时间里，他在笔记本上记满了他对飞行机器的设想，其中包括直升机和降落伞。

年届60的列奥纳多逐渐对颠沛流离的生活感到倦怠，转而想要寻找一个安居之所。1513年，他接受邀请搬往罗马城梵蒂冈定居。在当地居住的3年中，他期待着能接受几项委托，然而所有的项目都送到了米开朗琪罗和布拉曼特等人手中。据传，列奥纳多曾担任罗马教皇的顾问，负责索回蓬蒂内沼泽的有关事宜。在这个时期，或许他依然对研究光学难题和飞行构想做过一定的尝试。但是除此之外，他就没再做过什么。1516年，这位年迈的艺术家接受了法国国王弗朗索瓦一世的盛情邀请，离开意大利另谋生计。

■ 列奥纳多在法国

列奥纳多住在弗朗索瓦一世提供的克洛斯庄园的宅第内，重新安下心来继续自己喜欢的科学事业。不幸的是，一次重击导致他的右手几乎残废，工作也因此放慢了进度。所幸国王并未要求从他作出什么实质性的成果。列奥纳多要做的，只是为节日和戏剧制订方案和为玩具设计模型，比如，启动后会从胸口冒出百合花的机械狮子等。显而易见，这位法国君主是列奥纳多虔诚的崇拜者，真心希望把他留在身边。他还在自己的城堡和列奥纳多的住所之间挖掘了一条隧道，可怜的列奥纳多就这样常常在思考中被国王的突然造访打断。

1519年4月23日，一代巨匠列奥纳多在克洛斯庄园安静地离开了世界，死后被安葬于圣佛洛朗坦大教堂（这座教堂在法国革命中被毁，列奥纳多的遗体也不知所踪）。他的学生法兰契斯科·梅尔兹在他辞世后悲痛不已，曾在克洛斯庄园内停留数月，整理老师生前遗物，其中包括13 000页珍贵的笔记。此后，他用手推车运载着满满的物品离开伤心地，回到了意大利的瓦普里欧。他毕生都小心翼翼地珍藏着老师的遗物，临死前还嘱咐儿子奥拉齐奥妥善保管。

奥拉齐奥对列奥纳多的笔记毫无兴趣，他甚至把一些笔记丢弃在阁楼的碗橱里，把另一些送给了别人。列奥纳多的笔记这才得以重见天日，逐渐流传开来。收藏家们从四面八方向瓦普里欧涌来，争相阅读列奥纳多的笔记，记事本的纸张也散落到不同人的手上。如今，这些宝贵的资料有的静静地躺在博物馆里，有的则被收藏家独占，如著名的《达·芬奇莱斯特律典》被微软公司的创建者比尔·盖茨以3000万美元买下，内容大概占原稿的一半左右。

列奥纳多的飞行器

列奥纳多的记事本中记录了大量令世人惊讶的发明——钟表、印刷术、钻孔机、救生服、汽车和军用坦克等。其中，最引人注目的便是飞行器。

列奥纳多认为，人类和动物的身体结构一样，都可以被看做简单的有机结构的机器。这种观点在引导他孜孜不倦地研究解剖学的同时，促进了许多发明设想的诞生。通过观察鸟儿的飞行，列奥纳多认定制造飞行器是完全可行的。他在文中写道："鸟类只不过是依照自然法则形成的精妙装置，既然如此，人类也可以重塑这样的机器。"

列奥纳多对飞行器的第一个构想是扑翼飞机，依靠机翼拍打而促其腾空。1487年，他勾画了一个扑翼飞机的原始草图。按照他的想法，飞行员坐在驾驶室中，双脚踏在底部的镫脚上，通过踩踏板控制机翼的扇动状态。几年后，他又为草图增加了升降机和方向舵，以控制飞机的升降和行驶方向。在现在看来，这是一个非常有意思的想法。

然而，由于人类的肌肉力量不如鸟类发达，扑翼飞机是飞不起来的。或许列奥纳多也认识到了这一点，他很快就放弃了依靠机翼扑打来实现飞翔的念头，转而开始研究滑翔机。为了进一步了解飞翔和气流的关系，他仔细研究了鸟类的飞行情况和落叶的飘落状态，从而发明了世界上第一个风速计。

在生命的最后10年中，列奥纳多又绘制了一幅具备控制系统的滑翔机草图，这与现代的悬挂式滑翔机非常接近。他在笔记本中写道："只要（飞行员）弯曲机翼右臂并伸开左臂，就能使飞行方向从右侧转向左侧。也就是说，他可以通过更改机翼的位置掌控飞行方向。"后人使用了各种材料来制造飞行器，遵循他的构想做了无数尝试。直到1903年，莱特兄弟通过多次试验，证明了列奥纳多式的滑翔机不仅可以飞行，而且还能在空中自如地控制飞行方向。

列奥纳多还敏锐地意识到，依靠机翼并不是唯一的飞行方法。他设计了一种直升机，可以垂直攀升到空中，他还在直升机下方悬挂了一个供人们站立的平台。与现代直升机不一样的是，它没有旋翼桨叶，但是他设计了一个螺旋桨，可以让直升机在空气中抬升。带有旋翼的直升机玩具已经流行了好几个世纪，但是，列奥纳多是尝试并设计载人直升机的第一人。

列奥纳多在研究飞翔时已经清楚地认识到，空气具备足够的浮力承载机翼。于是，他根据带桨船只在水中航行的原理，又设计出这样一种带螺旋桨的滑翔机，幻想飞行员可以在空中任意“航行”。尽管没能将美梦付诸实践，但至少他超前若干个世纪掌握了螺旋桨和旋转机翼的原理，这在当时是非常了不起的。

列奥纳多与解剖学

在列奥纳多的众多科研成果中，解剖学对后世科学的影响最大。当大多数医生为了了解人体结构，还埋头苦读公元2世纪的名医盖伦的医书时，列奥纳多却选择通过解剖尸体找寻真理。实际上，当时有不少画家为了更好地掌握人体结构，也在不同程度地进行解剖尸体的尝试。例如安东尼·本尼维尼，当列奥纳多在佛罗伦萨时，这位当地的画家就根据自己的解剖实践出版了一部相关的著作。

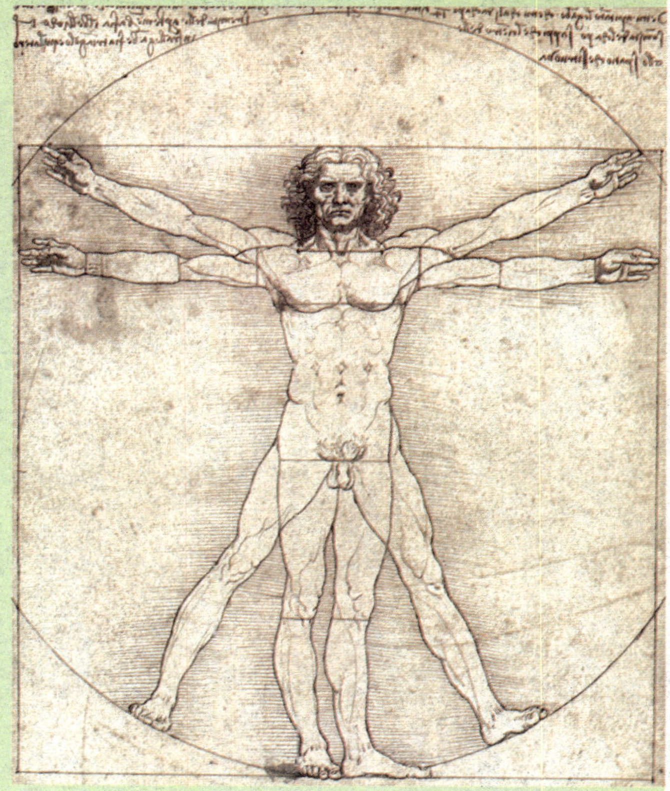

不同的是，列奥纳多比所有人都更为勤奋。他独自解剖了30多具尸体，并设计了不少实验研究人体各部分的功能。他还解剖过许多动物，如狗熊、母牛、狐狸、猴子和鸟类等，并将这些动物的结构和人体进行比较。高超的技巧和严谨的态度，使得列奥纳多创造出了堪称人类历史上最完美的手绘解剖图。为了展现人体结构的不同层次，他还发明了一种绘画方法——“剖面法”，并被沿用至今。他的绘画能表现出人体肌肉的三维结构，并从不同角度描绘出各个器官，如今这已经被计算机模拟所代替。

最让列奥纳多感兴趣的是眼睛的结构，他着迷于探索大脑和眼睛的功能之间的联系。他大概是第一个观察视神经如何连接眼球和大脑，并传达讯息到大脑的解剖学家。他甚至还可能是首位发现神经系统是如何将大脑和肌肉联系起来的解剖学家。这些内容在盖伦的医书中均未涉及。

在对肌肉的研究中，列奥纳多在艺术和科学上的造诣达到了完美的融合。他精准地观察到了人体做不同动作时肌肉的变化情况，以及人类做出微笑、皱眉等不同神态时面部肌肉的不同状态。

尼古拉斯·哥白尼

尼古拉斯·哥白尼（1473—1543年）是16世纪波兰的牧师和天文学家，他对地心说提出质疑，并创立了日心说。

1473—1543年

哥白尼出生的时代正是欧洲文艺复兴逐渐繁荣的时期。古希腊和古罗马的经典言论和著作源源不断地从阿拉伯传到欧洲各地，各国思想家们也从中吸取精华，不断扩充自己的理论。此时，古罗马学者托勒密的巨著《天文学大成》（又名《至大论》）也随之传到各地，其中的宇宙模型得到了广泛的认可。该模型的基本理论如下：地球静止不动地停在宇宙中心，外围环绕着一个看不见的、以地球为核心的水晶球型薄层，而太阳、月球、行星和恒星都分布在这个水晶球内的圆形轨道上。除了恒星外，每个星体都有一个自己独立运行的轨道。

令人遗憾的是，经观察，该系统中唯有恒星的运动轨道符合圆形假设。托勒密为了解释这个现象，引入了两个观点：一是本轮概念，二是等分机理。由此在保证原有假设成立的前提下解释了行星的轨道为什么不是完美的圆形。本轮概念指的是每个星体的小轨道呈“轮轮嵌套”的情况；等分机理则解释了月亮和行星的球心均有微小的偏移地球中心的现象，为区别于地球中心，它们的实际球心被称为等分点。

托勒密地心体系提出的“水晶球”宇宙模型非常实用，它可以帮助天文学家精准地预测太阳，月亮以及当时发现的其他五大行星的运动规律，如水星、金星、火星、木星和土星。15世纪90年代，也就是哥白尼二十几岁时，德国天文学家约翰内斯·缪勒（拉丁文译名“雷纪奥蒙坦”）出版了一本关于托勒密《天文学大成》的摘要，学术界称之为《概要》。在《概要》中，雷纪奥蒙坦指出了托勒密地心体系的唯一缺陷：倘若真如书中所说，月亮球心存在偏移，那么当它运动到离地球较近的轨道时，看起来就会比原来大一些，反之则会小一些。然而，问题在于，实际观测结果并非如此。

年轻的哥白尼牧师还发现了“水晶球”模型的另一个缺陷，即该理论的体系太过烦冗复杂，这使得一贯坚持简洁的哥白尼对“地心说”产生了怀疑。他进一步发现，如果把宇宙中心从地球转移到太阳，那么唯一亟待解决的问题就是月亮围绕地球旋转的天文现象。尽管作为客观事实的“日心说”（太阳为中心的体系）具有明显的优势，但直到一个多世纪后它才被世人熟知，而人们真正接受它则花费了更长的时间（参见第39页）。

■ 米科拉·哥白尼

1473年2月19日，哥白尼出生于波兰北部维斯瓦河畔的小城托伦。他的原名为米科拉·哥白尼，到后来他才使用了拉丁文名字尼古拉斯·哥白尼。哥白尼的父亲是一名富商，在他10岁时就逝世了，小哥白尼是舅舅卢卡斯·瓦赞尔罗一手带大的。卢卡斯·瓦赞尔罗是主教，他给哥白尼安排了以教会内容为主的课程，希望外甥将来和自己一样可以在教廷觅得一官半职。

20岁时，哥白尼来到了克拉科夫大学进修艺术，课程包括占星学和天文学。1496年，他赴意大利博洛尼亚大学求学。在这里，他遇到了对自己一生产生深远影响的占星学家和天文学家福雷朗西斯，他请哥白尼在家中小坐，并向他推荐了雷纪奥蒙坦的《概要》一书。在这位学者的谆谆教诲下，哥白尼坚定了将一生奉献给天文学的决心。1497年，哥白尼在博洛尼亚第一次观察到了月食现象。

1503年，哥白尼拿到了教会法博士学位，此时他已经在天文学方面打下坚实的基础，并着手准备研究“日心说”的可能性。他的舅舅为他在波兰的弗龙堡教堂谋了个教士职位，这份工作轻松悠闲，正好为他的天文学研究及其他兼职工作腾出了不少时间。例如，他的医术高明，并在社区担任医生。他还是近代第一个提出劣币淘汰良币理论的经济学家。1519年，条顿骑士团来犯，哥白尼被要求参军以抵挡敌人的进攻，保卫艾伦斯坦城堡。

■ 提出伟大的观点

闲暇之余，哥白尼利用职务之便继续探索他的天文王国。他把大多数成果都装在脑袋里或记在笔记本上，但有时他还会爬上弗龙堡、艾伦斯坦城堡和海尔斯堡的教堂的屋顶凝望夜空。不过和后来的科学家不同的是，他不喜欢通过观察或实验方式证明自己的观点。

1514年，哥白尼完成了一本名为《浅说》（又名《天体运动假说》）的著作，这本书叙述了哥白尼关于天体运动学说的基本思想。他少量印刷了《浅说》，并分发给自己的朋友阅读。哥白尼在《浅说》中指出，地球是围绕太阳运动的，恒星距离地球非常遥远，并解释了一系列诸如行星逆行现象之类的天文现象。在托勒密地心体系中，行星逆行现象被解释为轨道之间的迁移，他还引入了“本轮”（指的是以地球为圆心的许多同心圆）的概念，使整个解释过程非常精妙。如果我们设定太阳是宇宙的中心，而地球和行星围绕太阳运动，就可以很容易给出解释，所谓的逆行运动只是由于地球的运动致使我们的观察角度随之变化才产生的错觉。

除此之外，哥白尼还推导出，行星围绕太阳运动的周期和它与太阳之间的距离成正比的关系。如水星距离太阳最近，运动周期是88天；金星周期为225天；地球周期是1年；火星是1.9年；木星是12年；而土星则需要30年。有了这些数据，排列各大行星与太阳的距离就变得很方便了。

■ 保持缄默

哥白尼在《浅说》中表达了他决定将“日心说”理论的研究全面深化的想法，他这样写道，“简单来说，为了得到更全面的研究成果，我打算暂时省略数学例证的步骤”。他笔下所谓的“更全面的研究成果”就是后来的巨著《天体运行论》，然而这部著作却在26年后方才出版面世，此时哥白尼已处于弥留之际。之所以耽搁这么久，是因为哥白尼深知当时宗教压迫的严酷，深恐公开出版这样的学说会招致教廷的迫害。也有人推测，是因为哥白尼对自己的理论还不够满意，想要进一步修正它。

■ 勇敢的年轻人

无论真相如何，最终说服哥白尼完成《天体运行论》的功臣是他的学

↑图为哥白尼描绘的天体运行图，这是以太阳为中心的行星系统。现在这已得到广泛承认，但在哥白尼所处的时代却是一次科学史上的巨大革命。

生，这个学生名叫乔尔格·冯·劳肯（又名雷迪卡斯），是来自德国威登堡大学的数学教授。雷迪卡斯来到波兰的弗龙堡，师从哥白尼学习天文知识，他无意中发现了老师突破性的卓越见解后，就极力劝说哥白尼把这些观点整理后公之于世。

1540年，雷迪卡斯出版丛书引言。《天体运行论》的第一卷是全套书的精华，它阐述了日心学说的各种论据。整件事看起来就像是一出戏：1541年6月9日，雷迪卡斯在给朋友的信中写道，他“已经彻底说服哥白尼，将会出版老师的著作”。《天体运行论》终稿于当年8月完成，雷迪卡斯联系德国纽伦堡一位有名的出版商约翰尼·皮尔斯确定了相关出版事宜，并中途把监督出版过程的重担交给了路德教会的奥西安德尔。

奥西安德尔或许是出于好意，擅自杜撰了一篇前言，声称书中的理论不一定代表行星在太空中的真实运动，只不过是为了编算星历表和预测行星位置而提出的一种人为假设。他甚至还修改了书名，使得它的主题看起来比较不确定。很明显，奥西安德尔非常担心这部书出版后可能会引来的不良后果。当雷迪卡斯惊讶地发觉书中文字被改动时，他愤怒地在书上画上了大大的红叉。

人们无法知道，哥白尼发现奥西安德尔做的变动时会有什么样的反应。1543年，他在书出版后不久就中风逝世了。传说当哥白尼因中风躺在病榻上无法动弹，人们趁他短暂清醒时送来了刚出版的新书，一位年届古稀的老人抚摸着自己的毕生心血安然逝去，我们都衷心地希望这是一个真实的故事。

运动的地球

奥西安德尔的举动是否避免了一场灾祸，现在已经无从知晓。唯一可以肯定的是，最初这本书几乎无人问津，初版的400本书剩下了不少，而且各大教堂也没有要将哥白尼的著作焚毁的意思。事实上，唯有奥西安德尔在杞人忧天并刻意维护。很可能当时几乎没有人会对哥白尼所坚持的观点感兴趣，而那些真正了解其精髓的学者都选择三缄其口，从而避免了一场灾祸。

英国天文学家托马斯·狄更斯就是拥护哥白尼学说的学者之一。1576年，他出版了第一部有关哥白尼日心体系的英语解析论著，并指出太阳系周围的宇宙空间是无限的，其中布满了无数个星体。

著名的丹麦天文学家第谷·布拉赫（1546—1601年）起初并不同意哥白尼的学说，但他所做的精确观测却使自己的观点逐渐偏向于哥白尼的论点。比如他曾经观测到一颗超新星，并于1572年证实它并非如教会和托勒密所言的是无序或是无变化的。

第谷无法接受哥白尼日心体系的原因之一，在于第谷的观测实在是太细致了，而现代科学证明哥白尼的学说确有其不符合事实之处。关于这一点，我们就要说到第谷的助手约翰·开普勒（1571—1630年），开普勒和第谷的不同点在于他完全接受了哥白尼学说，更令人叹为观止的是他高超的数学运算技巧。通过反复精准的计算，他终于找到了将第谷的观察结果和哥白尼的日心体系相融合的方法。开普勒发现，如果行星和地球的运行轨道不是圆形而是椭圆形的，那么哥白尼学说就能完美地解释那些现象了。

开普勒的观点于1619年被整理成册出版发行，书名为《宇宙和谐论》。当时的另一位天文学家乔达诺·布鲁诺（1548—1600年）却遭到火刑的噩运。由于他是哥白尼学说的坚定捍卫者，同时他坚信狄更斯的观点，认为宇宙不仅是无限的，还是物质的，这一切招致了罗马教廷的愤怒和制裁。最终，他为“危险的天文学观念”付出了沉重的代价。实际上，是宗教法庭给他套上“亵渎神明”的阿里乌派信徒的罪名，并控诉他使用“巫术”，而处死他的。

与此同时，天主教会开始对这场新教派革命进行大规模的迫害。1610年，伽利略用自制的望远镜观察宇宙，为证实哥白尼的学说找到了确凿的证据：他发现木星有4个卫星，金星有盈亏现象等。就在这时，欧洲的天主教中心佛罗伦萨教会开始行动起来，他们将伽利略投进了监狱。

1616年，即《天体运行论》出版73周年后，天主教会对该书下了禁令。同年，罗马的红衣主教把伽利略召来，严禁他继续发表和哥白尼的学说有关的言论。然而，伽利略仍然坚持己见，于是教会以酷刑相胁迫，在教会的长期压制下伽利略最终“放弃了”自己的观点。这场由哥白尼的学说引起的革命席卷了整个欧洲，直到整整200年后，天主教会才解除了对《天体运行论》的禁令。

安德烈·维萨里

在这个世界上，没有什么东西比自己的身体与我们的关系更为密切的了。然而，人类对自身的了解，却比对地球的认识落后许多。比利时医生安德烈·维萨里（1514—1564年）是人体解剖学的奠基人，他的巨著《人体构造》对人类解剖学作出了极其重要的贡献。

1514—1564年

维萨里生活在16世纪初期，在此之前，人们对于人体结构的了解几乎都建立在盲目的信仰和猜测上，直接的实践解剖经验少之又少。值得注意的是，维萨里时代的医学学生并非通过研究尸体学习解剖知识，而是通过研读罗马医学家盖伦（约公元129—216年）的医书进行学习的。如果是在教学上相对开明的课堂中，学生们还会被安排集体观摩理发师（当时手术操作由于污秽而受到轻视，一般的外科手术和尸体解剖都由理发师进行）解剖尸体的过程，但他们自己却从不动手。因此，当时的医学学生的学习过程便是:埋头于盖伦医书的书本知识，同时远远地观看解剖过程。

不可否认，伟大的盖伦堪称医学领域的权威，他生前以医术精湛著称，甚至被认为是古代医术最为高超的医生。但另一方面，他对解剖学方面的认识却比较薄弱。人们对此却视若不见，直到多年后维萨里的出现，盖伦的某些医学结论才开始受到质疑。

解剖学之所以形成停滞不前的局面，其原因之一是当时禁止对尸体进行解剖。14世纪时，波洛尼亚医生蒙迪诺·德·卢齐首开解剖人类尸体的先河，但由于盖伦对他的影响极深，他并未发现前人书中很多严重的错误，结果还是把盖伦的不少言论纳入了自己的解剖学著作中。

维萨里的伟大之处在于他打破了两项禁忌:首先，他敢于向1 300年之前的医学界权威盖仑提出质疑;其次，他通过事实说话，不仅亲手解剖尸体，直接从实践中寻求真理，还鼓励自己的学生也这么做。维萨里把所有的实践知识整理后，编著了这部解剖学巨著《人体构造》，成为当代医学的基石。

■ 年轻的维萨里

1514年，维萨里出生在比利时布鲁塞尔的一个医学世家。父亲是神圣罗马帝国皇帝查理五世的药剂师，祖父也是一名宫廷御医，所以他从小就立志效仿父辈，成为一名医师。小小的维萨里是一个意志坚定、有恒心的孩子，一直在为自己的理想而奋斗。十几岁时，维萨里前往比利时首都布鲁塞尔的鲁汶大学学习。在此期间，他对解剖学产生了浓厚的兴趣。年仅16岁的他就开始在午夜偷盗被绞死的犯人尸体并自己动手解剖，他甚至还要求法官在他有时间进行解剖实验的日子执行绞刑。

不久，他的盗尸行径越来越无所顾忌。1533年，维萨里前往巴黎求学。他常常半夜偷偷溜到坟场翻寻刚刚送来的尸骸，或是跑到穷人的墓地翻找，甚至有时还从野狗嘴里抢夺尸体。更令人难以置信的是，他居然还偷偷把尸体运回家中的卧室，秘密地进行他的解剖工作。而每当他把实验品送回原处时，它们散发出的阵阵恶臭往往令人作呕。

维萨里对解剖学孜孜不倦的求索精神终于得到了回报，在巴黎求学时，他受到了欧洲著名解剖学家雅各布·赛拉维斯和约翰·吉恩特的垂青，恰好两位学者都是他就读学校的教师。一年以后，年方23岁的维萨里顺利毕业，来到意大利的帕多瓦大学讲授外科学和解剖学。帕多瓦大学在医学方面的造诣极高，当时在全世界都很有声望。

■ 维萨里在帕多瓦

和当时的许多学者一样，维萨里仍然以盖伦的书本为标准教材讲授知识，但他摒弃了以理发师演示作为实践解剖过程的旧习俗，取而代之的是由自己边讲授边动手解剖。维萨里坚持认为，要真正了解人体内部结构，必须亲身体验解剖尸体的过程。这个革新的观念促使他不断探索和实践，从而使他发现盖伦的理论并非完全正确。

1538年，维萨里在大画家铁沁（16世纪）的画室里找到了画家的弟子约翰·斯蒂芬斯·卡尔卡，请他帮忙绘制给学生当范本的六版解剖素描图，也就是后来的《解剖图谱六种》，其中3幅描述人体骨骼的情况，另外3幅则分别为：心脏附近的门静脉图示；心脏及所有静脉流动图例；心脏和所有动脉流动图例。这是石破天惊的一次大创新，在此之前几乎没有任何一本解剖学类的书籍包含如此细致的图示。他的导师赛拉维斯则对此异常气愤，认为这会误导学生，并且降低教学水平。更令赛拉维斯感到无法接受的是，维萨里不但发现了盖伦医书中细节上的重大错误，而且在版图中一一给出了修正。

《解剖图谱六种》的出版在医学界引起了轩然大波，维萨里却很快凭借这本著作在学生中获得了极高的声誉。作为一名在解剖学方面收获颇丰的解剖学家，他的声名与日俱增。《解剖图谱六种》的初战告捷，令维萨里信心大增，他决定着手进行一项梦想中的浩大工程——在解剖实践的基础上，编写有史以来第一部全面精确论述人类解剖知识、配图精美的解剖学巨著。

维萨里找来约翰·斯蒂芬斯等技艺高超的艺术家，在阿尔卑斯山花费整整4年的光阴，终于齐心协力完成了这部举世闻名的杰作的初稿。一切就绪后，维萨里不惧路途遥远，把手稿寄给了在瑞士巴塞尔的、以印刷技术闻名遐迩的出版商约翰·奥普里特斯。虽说这位出版商用的印刷纸张是最好的，印刷技艺也无人能及，但维萨里还是对这本凝聚着毕生心血的书本放不下心，为了保证最终出版的书籍品质好、无错印，他驾车翻山越岭，到达巴塞尔亲自监督书本的整个印刷过程。

1543年，年仅29岁的维萨里出版了名著《人体构造》一书，书中配有200多幅美轮美奂的手绘插图。他将书籍用紫色丝绸包裹后，作为礼物献给了英国国王查理五世。国王翻阅后被维萨里出众的才华深深折服，几个月后就把维萨里请到身边担任自己的御用医生。

■ 皇室御医生涯

短短一年间，维萨里对知识的渴求热情似乎渐渐消退了，他终于完成了成为宫廷官员的心愿，很快完全放弃了原来的学术工作，安心做一名医术精湛但行事保守的医生。很快，他与一位名叫安妮·范哈尼的巴塞尔姑娘结了婚，第二年就有了女儿，并同样取名为安妮。

维萨里后来曾经私下向熟人表示，他之所以放弃继续学术研究活动，部分原因是由于他的《人体构造》遭到了某些恶毒的批评，他甚至觉得这些批判“在噬咬我的心灵”。为了不再直面这样的打击，维萨里决定一直待在“远离研究的美好生活”的宫廷内，并且说“除非我真的很迫切地想要写书，否则我再也不会出版著作”。

尽管维萨里放弃了研究工作，但这并不妨碍他成为一名全欧洲医术最高明的医生。1559年，法国国王亨利二世在一次马术比赛中被长矛击伤了头部，身边的御医绞尽脑汁，却一个个束手无策，于是大臣们就把维萨里请到法国帮忙诊治。当他细细检查国王的伤势后，很快就向众人表明了自己爱莫能助的心情。为了平息宫廷内惶惶不安的躁动情绪，他还宣称国王已时日无多，将不久于人世。10天后，在没有接受任何医治的情况下，国王安然去世。维萨里在验尸时用事实向群臣交代了国王无药可救的缘由：长矛严重损伤了亨利二世大脑的主要部分。

3年后，卡洛斯阁下（西班牙皇太子）为了偷窥一眼皇室守卫的美丽女儿，急匆匆跑上楼梯却不慎摔破了脑袋。皇太子的病情一度恶化，于是维萨里又被召到宫中。抵达西班牙首都马德里后，他认真检查了太子的伤情，发现这一回的情况与上次完全不同。当时几乎所有人都以为卡洛斯太子撑不住了，而维萨里的治疗却使病情得到了控制，几个月后太子便康复如初。西班牙国王菲利普二世欣喜若狂，并以为这是13世纪托钵修会迪戈修士的木乃伊显灵之故：因为在皇太子昏迷不醒时，这具尸身曾被放在他儿子的身边。无论如何，此时的维萨里已经被万民认为是“在世神医”。

1564年，维萨里前往巴勒斯坦圣地朝圣。其中的原因有很多版本，一种说法是，他在帕多瓦解剖一个年轻贵族的尸体时，惊愕地发现这具“死尸”居然还有呼吸，但由于当时解剖已经过半，回天乏术了。这个噩梦纠缠了维萨里很久，令他痛苦不已，因此他决定去圣地忏悔自己的无心之过。无论真相如何，在这次前往耶路撒冷的途中，维萨里乘坐的海船遇难，一代名医就这样匆匆离开了人世，享年50岁。

维萨里的《人体构造》

《人体构造》无疑是维萨里所处时代最宏伟的医学巨著，书长42厘米，宽28厘米，总共达700多页。该书不仅内容丰富，而且制作精美、图文并茂，其中的200幅插图堪称史上第一版最完整到位的人体解剖图解。书中的

关于《人体构造》

维萨里的著作全名为《人体构造七卷》，由于总共由7个部分组成而得名。

在第一卷中，维萨里指出了人体骨架的重要性。人体骨骼在支撑身体和支持运动方面起着至关重要的作用，而在此之前还没有人意识到这一点。维萨里在第一卷中通篇专门论述人体骨骼，配图精美细致、栩栩如生。这卷书的最后，用3大页纸分别从3个不同角度描绘了骨骼系统，其一是悬挂在绞刑架上的骨架，另一具则是斜靠着桌子在研读解剖学。

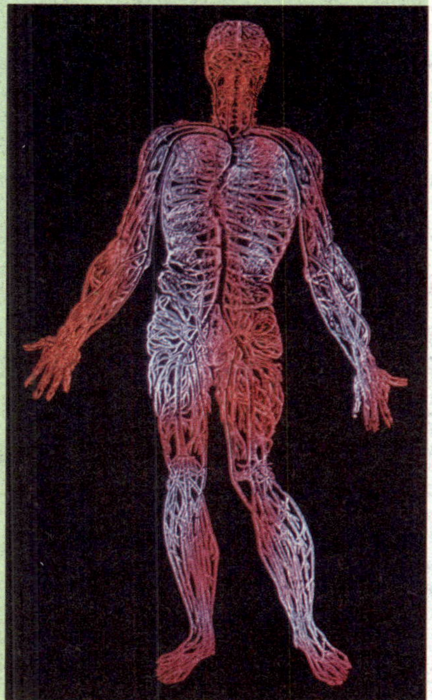

↑图为《人体构造》一书中人体静脉系统的彩色雕版图。

第二卷论述人体肌肉，其图例之精美丝毫不逊色于第一卷。第三到第七卷的制作不像前两卷那么华美，但图文并茂，仍然堪称完美之作。第三卷论述了静脉和动脉系统；第四卷论述神经系统；第五卷介绍了人体腹腔的主要内脏器官；第六卷叙述了胸腔的内脏器官，主要有心脏和肺等；第七卷则描述了大脑的组织构造。

《人体构造》是一部解剖学的专著，为了学生学习方便，维萨里同时又出版了它的浓缩版《节录》。医学学生们在学习《节录》时，进一步体会到了老师维萨里精湛的解剖技术和知识。

人体骨架图不但给出了平面图示，而且还从各个角度进行了栩栩如生的描绘，充分体现了众多著名绘画家高水平的画艺。

然而，无论是美轮美奂的制作工艺，还是包罗万象的医学内容，都不足以使《人体构造》成为科学历史上最经典的著作之一。真正令巨著《人体构造》流芳百世的，是它对人体细致入微和准确到位的描绘，以及在贯穿解剖过程始终坚持还事物本来面目、去伪存真的求真精神。在此之前，从未有人在解剖方面做过如此精确的探索和整理工作。书中错误极少，虽然加布里埃尔·法勒普、巴特勒梅·尤斯坦希斯、里尔多·科隆博等人在研读了该著作后，很快就有了各自新的发现，但它列举的所有主要观点都是完全正确的，彻底结束了几千年来人们对人体构造的混沌认识。

《人体构造》的面世，特别是它强调的亲自解剖究竟具有多大的革新意义，只需看看它如何被批判得体无完肤，就可以明白它当时处境的尴尬。一个典型的例子就是维萨里的巴黎导师雅各布·赛拉维斯的激烈反应，他在一封致查理五世的公开信中这样写道："尊敬的皇上，我恳求您严厉地惩罚他，这是他应得的。这个怪胎在他自己的房子里诞生和成长，是个愚昧无知、忘恩负义、傲慢自大的不肖学生，请您尽快压制他日益猖獗的古怪行为，以免这些可怕行径为我们欧洲大陆带来灭顶之灾。"

然而，《人体构造》迅速冲破了这些尖刻的闲言碎语的包围，获得了巨大的成功。10年之内，任何一名研修解剖学的医学生不仅需要学习维萨里编写的课本，还必须亲手解剖尸体后才能通过考核。

维萨里的巨大贡献激励了许多医生亲自动手进行解剖实验，人体解剖学作为医学的一个分支学科也随之逐渐建立起来。在此之后，科学家们花了一个多世纪研究人体解剖，并进一步探索人体内部器官和组织的运动机理，进而发展了生理学等各个医学分支学科，为当今发达的医学技术奠定了坚实的基础。

伽利略·伽利雷

1564—1642年

伽利略·伽利雷（1564—1642年）是现代史上第一位功勋卓著的科学家。他毕生的理念是建立对客观物理现象的实验研究，其成果为17世纪的科学革命奠定了坚实基础。然而，伽利略在科学上的极高造诣却使他成为罗马天主教会的头号敌人。

伽利略是一位才智超群的学者，一生开创了科学史上无数个“第一”，其中的任何一项都足以令他名垂青史。首先，他是一位拥有众多著名发明的天才型发明家，其中最出色的当属计时的钟摆，后人由此制造出世界上第一台精准的时钟；另一项重大发明是温度计。此外，他还发明了用来研究投掷物轨迹的尺规。相传，他还自制了第一台天文望远镜。

尽管他在发明技术上作出了无数贡献，不过他的首要身份仍然是科学家。例如，他发明了望远镜并将它用于科研工作，极具前瞻性地利用望远镜观察夜空并取得了大量成果，这些发现成果包括：月球表面凹凸不平；木星的4个卫星（现称伽利略卫星）；金星盈亏现象；太阳黑子等。他用实验证实了哥白尼的“日心说”，从而彻底否定了统治千余年的亚里士多德和托勒密的“地心说”。正是因为这一点，他和当时的罗马天主教会发生了严重冲突，后者坚信静止的地球是宇宙的中心，并认定托勒密的地心体系神圣不可侵犯。

伽利略一生最大的成就在于他运用科学的方法研究物质运动，并为现代物理学奠定了基础。2000多年以来，人们对自己身边的客观现象视而不见，却对亚里士多德所说的物体运动规律深信不疑，如物体下落的起因、物体静和动的成因、物体运动快慢的原因等。伽利略推翻了亚里士多德的“经典”理论，为半个世纪后牛顿研究物体间相互作用、运动和万有引力现象铺平了道路。

伽利略非常重视实证，即观察和实验的有力证据，他在纠正亚里士多德的学说错误之处后，举一反三将新学说发展起来。伽利略在科学道路上并不孤单，英国思想家弗朗西斯·培根便是这些新学说的创始人之一。然而伽利略更胜一筹，他把理论应用于实践，并强有力地推动了科学的发展。“现代科学之父”的称号他当之无愧。

年轻的伽利略

1564年2月15日，伽利略·伽利雷出生于意大利西海岸的比萨，父亲凡山佐原籍佛罗伦萨，出身于没落的贵族名门。凡山佐是一位颇有才华的音乐家，但是个性独立并且孤傲好胜，小伽利略从父亲身上遗传了一头火红的头发。

10岁时，伽利略被送到巴伦布莎修道院修行，他很快就融入修道院清静的生活中。所幸的是，父亲凡山佐唯恐伽利略一辈子都会披着僧侣服过着清苦的修道士生活，于是便在儿子14岁时把他从修道院接回家中。伽利略在佛罗伦萨求学几年后，父亲又把他送到比萨大学主修医学。

伽利略在年轻时便表现出超常的智力，并很快就在学术上超越了导师。伽利略因为看不惯老师荒谬的科学态度，在听课时常常直言不讳地和授课老师进行辩论，并对亚里士多德的某些观点提出质疑。伽利略提出，既然大大小小的冰雹会在同一时间掉落，为什么亚里士多德还说重的物体比轻的下落速度快呢？授课老师解释为或许是较重的物体从更高处落下的，伽利略则对此表示怀疑。凡山佐逐渐认识到自己的儿子永远也不会在权威面前保持沉默。

伽利略学习数学的过程中拜读了古希腊数学家欧几里德（参见第1页）的著作，发现这位伟人极力强调实测和数据在建立理论中的重要性，这对伽利略的科研态度产生了巨大的影响。他惊讶地发现，与欧几里德同时代的阿基米德等数学巨匠早已把理论联系实际的方法应用到科学研究，并作出了不少成就。“这些思想的光辉，”伽利略写道，“使其余一切理念为之失色。”

研究数学

为了让伽利略接受更良好的教育，凡山佐请来了佛罗伦萨杰出的宫廷数学家欧斯迪罗·里奇，请欧斯迪罗系统地教授儿子数学知识，而伽利略出色的才华很快就让这位导师备感欣喜。伽利略出众的创造力在青年时期已经初露端倪。有一个故事是这样的：某星期日，伽利略坐在比萨的大天主教堂里听一次沉闷的布道宣讲，百无聊赖的他凝视着一盏摇摆的吊灯以打发时间。突然灵光一闪，他意识到无论吊灯摇摆的幅度多大，其往复运动的频率始终恒定不变。伽利略回到家里立即着手设计了一系列简单的实验，通过实验他发现了摇摆的等时性。他又想到应用这个原理设计一个计时器，并把它称为脉搏计，用来测定病人的脉搏。后来发明的摆式钟也是应用了这个原理。

21岁时，伽利略就开始在大学执教数学课程，这份薪水便是他主要的收入来源。起先，他只是为学生私下辅导，到后来就被比萨大学任命为讲师，但是收入依然微薄。1591年，伽利略的父亲去世。为了养家糊口，伽利略携全家搬到威尼斯并前往待遇较好的波多瓦大学任教，在这里一待就是18个年头。他在这所大学是一名引人注目的人物，常常穿着起皱的旧衣服在学校内大步流星地行走，从不穿规定的教师制服。就在这里，他邂逅了一位名叫玛丽娜·加布尔的漂亮姑娘，她的名字曾在伽利略的著述《流体力学》中以俚语的形式出现。伽利略和玛丽娜一直没有结婚，也没有生活在一起，但他们却组成了实际意义上的家庭，并生育了3个儿女。

在传道授业的同时，伽利略一头扎进了科学研究的领域中。当他还在比萨时就编写了《运动》一书，并于1590年出版面世，该书分几个章节解释了物体运动的基本原理。

■ 伽利略的望远镜

1609年的夏天，伽利略在去威尼斯旅游途中听说到一件新鲜事：一名荷兰眼镜商偶然发现重叠两块镜片可以看清远处的景物，这位眼镜商受此启发制造了一个“观远镜”。该设备由一根细长的镜筒和两个凹透镜组成，透过观远镜发现远处的教堂塔尖好像被拉近了，仿佛就在对街一样。伽利略被这个东西深深吸引住了，在弄清楚原理后，立即动手制作了一个能放大10倍的仪器，并将其命名为望远镜，这项新发明立即风靡了整个欧洲地区。

慧眼独具的伽利略很快就意识到望远镜的科学意义。夜里，他通过自创的望远镜观察天空的月球和星体。他发现月亮表面并不平坦，看上去坑坑洼洼、凹凸不平。和地球表面一样，月球上也到处布满了岩石和环形山，有很多断层以及随处可见的蜿蜒曲折的峡谷。接着，他又发现木星并非如前人所料的是孤零零的一颗星球，而是有4颗行星环绕着它运转，这让他激动不已。他还观测到由于地球运动而导致金星有类似月球的盈亏现象。诸如此类的重大发现都被收集整理在他1610年出版的著作《星宿的使者》中。

伽利略和教会之战

很显然，伽利略在天文学方面的发现在一定程度上支持了70年前哥白尼的“日心说”，否定了大多数人认同的“地心说”，虽然他并没有在书中明确地指出这个观点。当他来到佛罗伦萨接受柯西莫·美第奇大公的法院审讯时，伽利略表现出了坚定的科学信念，他坚信哥白尼学说的正确性，并在法庭上严肃地指出“地球上的法则同样适用于宇宙天体”。

当时的学术界依然坚决地拥护托勒密的地心体系，即认为地球是静止不动的宇宙中心，而太阳、月球、各大行星和恒星都环绕着这个中心运动，整个体系看似毫无瑕疵。另一方面，由于《圣经》中宣扬整个天庭都掌握在上帝手中，因此托勒密学说正好可以成为教会强有力的证据。伽利略提出的新理论被当做“异端学说”，罗马教会以“亵渎上天”的罪名把他送到了宗教裁判所。

↑ 伽利略望远镜的复制品，背景是佛罗伦萨的教堂。

伽利略和动力学

古希腊的哲学家们对静力学的研究已经比较深入，例如解释物体静止的原因等。但当涉及动力学问题，或是什么导致物体运动时，他们就一筹莫展了。他们用眼睛看到马车行驶是因为马儿在拖动它，箭射出是由于弓的作用力。但他们却无法解释某些现象，例如为什么在没有外力的作用下，箭仍然能够像有马匹拉动着的车子一样，在空中继续飞行。古希腊著名的思想家亚里士多德曾提出一个“运动教条”：物体要维持其运动状态必须借助外力，正如骑车时，需要踩踏板或推动力才能保持车子前进。

然而，极具智慧的伽利略通过无数实验和观察才指出这个教条是错误的，他设计了一系列“理想实验”（又译“西芒托”），例如使小球从各种角度的斜坡滚下并研究其运动规律。他最终的发现是：物体某种运动状态的维持并不需要外力的驱动，这与所谓的“运动教条”恰好相反。他认为：在没有外力的作用时，物体将一直保持原来的运动状态。这就解释了在没有外力参与下，弓箭能在空中飞行的现象。由于空气阻力和重力的双重作用，它的飞行速度才逐渐减慢并坠落地面，这就是后来的惯性定律。

伽利略一直没有承认“重力”的概念，他始终觉得这个作用力太过神秘，无法找到确实的证据，但他是历史上第一位对惯性进行研究并用实验加以验证的学者。他还发现，物体的匀速运动和静止没有实质性的差别，这两种状态下都没有外力参与，但若要使该运动加快、减慢，或是物体从静止到运动则需要外力的作用。

接着，他又在小车上加减砝码研究其运动情况，从中发现了第二个重要理论，即关于加速度的概念和物体加速原因的理论。实验中，他发现物体在加速运动时，其加速度与物体所受外力和物体本身质量有关。外力越大或质量越轻，则加速度越大；反之，则加速度越小。

伽利略的这些发现凝聚了人类智慧的结晶。46年后，牛顿在《自然哲学的数学原理》（简称《原理》）一书中提出牛顿运动三定律（参阅第74页），其中的前两条定律与伽利略的研究成果极为相似；而对于牛顿第三定律——作用力和反作用力定律，伽利略也已经在论文中有所提及。尽管伽利略没有像牛顿一样将自己的观点清晰地用数学方法进行证明和整理分类，但他为现代物理对物体运动的研究作出了卓越的贡献。

异教徒的处境是十分危险的。在伽利略提出新理论被当做“异端学说”的30年前，意大利天文学家乔达诺 · 布鲁诺曾因为坚持“日心说”被判处火刑。1616年，伽利略前往罗马城为自己辩护，然而辩护却没有起到任何效果。哥白尼的著作（参阅第39页）被禁止发售，伽利略则被遣送回佛罗伦萨，并被严厉警告不许再“坚持或维护”哥白尼学说。1624年，罗马教皇乌尔班八世上任，他在处理问题上比前任教皇开明，伽利略得以回到罗马城到处为自己的冤案奔波。乌尔班八世允诺，只要伽利略不再维护哥白尼学说，就准许他著述关于“宇宙系统论”的文章。

接到这个格外开恩的通知，年逾花甲的伽利略立即投入一部新书的创作中，书名为《关于托勒密和哥白尼两大世界体系的对话》。在这本书中，他用3位学者对话的形式讨论了天文学问题。这3个人物分别是：聪明的圣吉拉多（哥白尼学说的拥护者）、愚笨的辛普利西奥（极力维护亚里

↓图中为天主教教会以“散布异端邪说”为由，审判伽利略的情景。伽利略被迫于1633年6月22日放弃了他的观点，随后他被软禁在阿切特里（佛罗伦萨附近）的一座别墅内。1642年，教会拒绝将伽利略的遗体安葬在圣地，直到1992年伽利略才得以沉冤昭雪。

士多德学说）以及萨尔维亚蒂（两种学说的中立者，但明显地倾向于圣吉拉多）。该书出版后在欧洲各国广受好评。然而阴险的耶稣教会会员却向

↓ “它们看起来是同时落地的”，伽利略从比萨斜塔上丢下两个重量不同的铅球。图为伽利略在众人注视下演示的著名实验之一，这也可能只是杜撰的传说。

教皇诬告伽利略，称其书中辛普利西奥的人物原型便是教皇本人。冲动的乌尔班主教大发雷霆，立即派人把伽利略押回罗马。在严厉的教会制度面前，伽利略慑于教会的淫威，不得不低头否决了自己拥护的“地动说”，他被软禁在孤独的别墅里，直到生命的终点。相传他在被押送途中仍不服气地自言自语：“它确实是运动的啊。”

在被软禁的岁月里，伽利略不顾自己年岁渐高，拖着羸弱的病体坚持不懈地继续进行科学研究。1637年，也就是他双目失明的前一年，他通过望远镜又发现，月球存在轴线上的摇摆现象。1642年1月8日，伽利略溘然长逝，这一年的冬季，另一位伟大的科学家牛顿在英国出生了。直到350年后，罗马教廷才承认在伽利略的案件中“或许有错判”。此时，一场在意大利掀起的科学革命在教会的强烈反对中浩浩荡荡地开展起来，教廷自顾不暇，已经无法分神再顾及伽利略“地动说”理论的争论了。

克里斯蒂安·惠更斯

克里斯蒂安·惠更斯（1629—1693年），17世纪末少数与牛顿齐名的著名科学家之一。他制造了最精确的时钟——摆钟，是土星的行星土卫六的发现者。

1629—1693年

惠更斯生活在一个科学研究逐渐兴起的时代，在这场科研的热潮中涌现了无数科学巨匠。牛顿发现了重力和万有引力定律，并和莱布尼兹（著名的数学家）共同创造了微积分学；胡克和列文虎克通过显微镜观察到了神奇的微观世界。而居住在这次革命的中心地（欧洲北部）的惠更斯则站在了这次科学革命的最前端。

惠更斯的少年时代，正是伽利略提出所谓“异端邪说”的时期。在仔细观察太空后，伽利略提出了“宇宙中心并非地球”和“地球是运动的”的言论，罗马天主教会因此对他进行了严厉的指控和判决。事后不久，惠更斯在笔记本中写道：“当我们发现，宇宙中存在着其他类似地球的星球可以居住生命体时，人类就不该再自以为是，继续骄傲地宣称地球有多么伟大……”这番惊人的见解，估计是同时代任何一位天文学家都无法提出的。

与同时期的许多科学家一样，惠更斯兴趣广泛、涉猎甚广。比如，他像胡克和列文虎克一样自制了显微镜，并在微观世界中有不少重大的发现；还像牛顿和胡克那样自制了一台高倍率的天文望远镜，其质量和性能高于此前任何一台。借助高性能望远镜，他发现了土星的行星土卫六，并仔细观察了土星表面的星环。他首次发现特殊的星群，并为其命名为猎户座星云。此后，他又发现了其他一些大大小小的星云。

除此之外，还有两项理论的提出使得惠更斯名扬四海。一是他设计了当时最精密的摆钟（参阅第60页的简介），这是世界上第一台走时精确的时钟。他还通过相关数学理论推导出了向心力定律，并进一步与胡克一道推导出平方反比定律，说明维持行星运动的万有引力与星体间距离的平方成反比。

另外，惠更斯在著作《光论》（1690）中提出了著名的“惠更斯原理”，建立了光的“波动说”。相比之下，牛顿用光的“微粒说”在解释光的折射和反射现象方面就逊色不少。惠更斯还正确地预测到光在致密物质中传播速度会减慢。然而，他才华的光芒被科学巨人牛顿至高无上的权威地位所掩盖。直到19世纪，光的“波动说”才受到了应有的重视，

英国科学家托马斯 · 杨通过多次实验证明光具有波动性质。如今，日益发达的科学技术让我们进一步认识到光具有波粒二象性，惠更斯的学说终于得到了应有的承认和尊敬。

我的小阿基米德

惠更斯于1629年4月14日出生于荷兰海牙，幼年时他的家境很富裕。父亲康斯坦丁是荷兰共和国的外交官、诗人、作曲家，热心赞助艺术事业。因此，家中常有各个领域中的顶尖人士来访，包括当时的英国诗人约翰 · 多恩、画家伦布兰特等，其中最有名的就是当时享誉全国的哲学家和数学家勒内 · 笛卡儿。

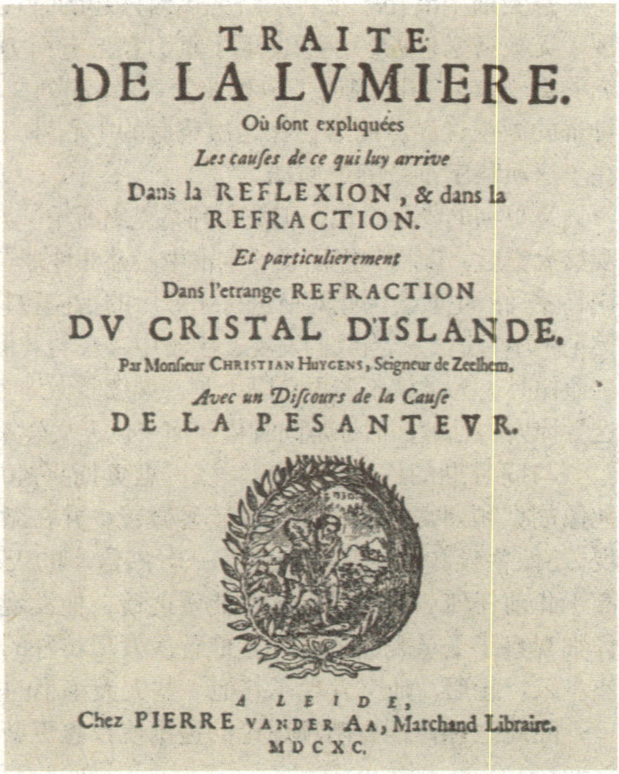
TRAITE
DE LA LVMIERE.
Où sont expliquées
Les causes de ce qui luy arrive
Dans la REFLEXION, & dans la
REFRACTION.
Et particulierement
Dans l'etrange REFRACTION
DV CRISTAL D'ISLANDE.
Par Monsieur CHRISTIAN HUYGENS, Seigneur de Zeelhem,
Avec un Discours de la Cause
DE LA PESANTEVR.

A LEIDE,
Chez PIERRE VANDER AA, Marchand Libraire.
MDCXC.

→1690年，惠更斯的光学经典著作《光论》问世，图为该书首页。

于是，惠更斯就有许多机会接触这些数学、物理、哲学、艺术等各领域的精英学者，再加上他自幼便聪明好学，因此少年时的惠更斯就已经是个出类拔萃的小学者。他在语言、艺术、音乐、法律、工程等方面都很有天赋，在数学领域的表现尤为出色，父亲康斯坦丁自豪地称他为“我的小阿基米德”。此外，多才多艺的他还是优秀的棋牌高手和桌球高手，并精于骑术，这些造诣已经远远超越了书本知识的范畴。

16岁时，年轻的惠更斯前往莱顿大学求学，进修法律和数学专业。两年后，他转入布雷达大学深造。在与著名法国数学家马林 · 梅森的通信中，他明确表达了要在科学领域做一番事业的想法。随后，他发表了关于计算圆周长、椭圆弧及双曲线的著作，并在数学界产生了一定的影响。

■ 仰望星空

不久，惠更斯的兴趣转向太空。他开始把大量的精力放在研制和改进光学仪器上，并成功地设计和磨制出了独特的望远镜透镜，其精度和放大率都达到了前所未有的新高度。1655年3月，他利用自制的望远镜发现了土星的行星土卫六。同年，他第一次到巴黎，并在那里认识了不少当时杰出的思想家。

第二年，惠更斯回到荷兰，当他再一次用自制的改良望远镜进行观测时，终于看清了土星周围的圆环——一个薄而平的圆环。由于地球的运动，这个圆环似乎也在随着观察角度的变化而改变形状。使用普通望远镜的天文学家们由于无法看到这些，于是纷纷对他的研究表示了怀疑。但是随着望远镜制作技术的进步，惠更斯的发现最终得到了认可。在随后的研究中，惠更斯逐渐认识到，要更好地钻研天文学必须有一个精确的计时器，这就是他创造“摆钟”的初衷，这个想法在他著名的作品《摆钟》（1658）中也有提及。

■ 进入上流社会

随着各种新发明的问世，惠更斯声名鹊起。1660年，当他再一次来到巴黎时已经是一个名人了。他拜访了著名的法国数学家布莱斯 · 帕斯卡（1623—1662年），并逐渐进入由当时最杰出的科学家组成的社交圈子，

> “当我们发现，宇宙中存在着其他类似地球的星球可以居住生命体时，人类就不该再自以为是，继续骄傲地宣称地球有多么伟大……”

包括帕斯卡、卡尔加维（法国数学家）、索尔比耶（思想家）等人。惠更斯在给哥哥的信中写道，“每周二都会有二三十名杰出人士参加这个集会，我没有错过任何一次……”。1661年，惠更斯赶到英国参加皇家科学院的成立仪式。在伦敦，他向英国科学家们演示了自制的望远镜，大家都为之惊叹不已。当时，胡克的空气泵和波义耳（英国化学家、物理学家）的验证实验吸引了不少艳羡的目光，惠更斯也被深深地吸引了，他一回去就投入设计空气泵的实验中。

1663年，惠更斯当选为英国皇家科学院会员。1666年，惠更斯当选为法国皇家科学院会员。1672年，他当选为法国皇家科学院院士，也是当时被科学院接纳的唯一的外国院士。这在当时是许多科学工作者梦寐以求的殊荣。

在巴黎生活工作的15年是惠更斯一生在科学上收获最丰硕的时期。在这些日子里，他发展了光学理论；制造了第一台摆钟，并将其改良成一台走时精确并可在轮船上使用的时钟，解决了在船上确定经度的难题；他发明的魔术幻灯机是现代胶片放映机的雏形；他还制造了由黑火药驱动的发动机。据说，他还曾是德国著名数学家莱布尼兹的数学老师。

■ 虚弱的体质

惠更斯一生都体弱多病。1670年，他自认将不久于人世，便拖着病体返回荷兰。他在病床上请英国大使取来自己的机械论文，称皇家科学院为“基督教徒中的精英人才集会”，并说要卸下自己身上的“未竟工作”，交给科学院的同人们。不久，惠更斯病情有所好转，便又回到巴黎继续科研工作，然而他的身体却一天比一天虚弱。

1681年，惠更斯的病情加重，不得不辞去在科学院的工作，回家乡海牙休养。他曾于1689年去了一趟伦敦，在那里和牛顿见了面。惠更斯和牛顿彼此惺惺相惜，互相欣赏对方的才能，牛顿还称惠更斯是“当代最优秀的数学家”。但两人在很多研究成果上却无法达成共识，例如牛顿认为光是由无数粒子组成的，而惠更斯则以为光是以波动形式进行传播的。惠更斯始终无法认同牛顿提出的万有引力定律，“我高度欣赏他的分析能力和细致的态度，但我认为他们（指牛顿在内的万有引力定律的研究者）不该在没有实际意义的领域内花费那么多精力，他们研究这门无稽的理论简直是在白费力气”。显然，惠更斯和伽利略一样，也认为重力是一种没有价值、不切实际的作用力。

最后的经典

惠更斯又回到了荷兰，独自一人过着晚年生活，在这个时期他开始思考宇宙的本源。他的思想在著作《宇宙观览者》（全名《宇宙观览者或猜测中的天上世界》）中达到了巅峰，该书淋漓尽致地展现了一代科学伟人的卓越才华。这部书于1698年由拉丁文翻译成英文，全名为《被发现的天上世界；或关于行星上的世界的居民、植物和生产的猜测》。

这部宏伟巨著是第一部严肃地对浩瀚宇宙进行论述的科学著作。书中

↓如图，这是卡西尼号太空船在土星轨道上运行的电脑模拟图。土星最大的一颗卫星土卫六就在左上方。卡西尼号上配备的探测器以发现土卫六的科学家惠更斯的名字命名。

的很多睿智思想流传至今，诸如“宇宙中有无数的太阳，无数的地球”；“每当我们考虑到别的星体离我们多么遥远，体积又是多么庞大时，我们真不知该怀着如何惊讶和虔诚的心情去接受这一事实”等。

整部书中，最引人注目的便是惠更斯对其他行星上居民思维的猜测：

（一个）叫做哥白尼的家伙把我们的星球当做一颗行星，和其他地球人一样，他以为太阳只是属于他们自己的生命之源，却不会在某些时候想象在其他行星上也会有和他们一样的生物，穿着类似的服装，使用相似的家具，和我们一样，他们或许就生活在宇宙中的某个角落；也从不设想在木星和土星的卫星被哥白尼发现后，还存在许多未知的类似星体。

这部著作发行后，广受读者好评。而在现实科研中，科学家们整整花了300多年，才找到了在地球以外还有其他生命体存在的可能性。

从1690年开始，惠更斯的体质便日渐衰弱，没多久就再也无力支撑恹恹病体。1693年3月，惠更斯在故乡海牙溘然长逝，享年70岁。《宇宙观览者或猜测中的天上世界》是惠更斯一生中最后的著作，这部书在他死后才出版问世。

惠更斯和时间

伽利略第一个发现了摆的等时性，为后来摆钟的发明打下了基础。惠更斯成功地借用这个理论，发明了擒纵轮。他率先把钟摆和发条引入机械钟内以维持摆钟的正常工作，在他1658年所著的《摆钟》里详细解释了相关原理。

在此之前，使用钟摆和发条的摆钟早有应用，但计时误差极大，每天至少提前或延迟15分钟。惠更斯设计的摆钟性能有了很大提高，每周误差大约1分钟左右。惠更斯很快就认识到了这项发明的商业价值，他为该摆钟申请了专利并授权生产。短短几年内，这种摆钟就畅销了整个欧洲北部地区。摆钟的创造是世界上的一项重大发明，也代表了科学技术的一大进步。

惠更斯认为，仅仅靠一个简单的钟摆，计时精密度仍然无法得到严格保证。事实上小钟摆的周期比大钟摆稍短，因此这些摆钟并不满足

“等时性”。通过进一步的观察和反复实验，惠更斯发现了一个特殊的物理现象：只要在钟摆做微小的圆弧形“振荡”时摆绳长短稍有变化，振荡就会加快或减慢，计时也就不准确了。在他的经典著述《摆式时钟或用于时钟上的摆的运动的几何证明》（1673）对该现象的原理给出了数学解释，并提出如果钟摆的摆动路线是摆线形（当一个圆沿一条线做纯滚动时，动圆上任意点的轨迹称为摆线）而非圆周形，即只在一个纬度上维持摆动，那么无论摆线长短它都能保持等时性。

为了攻克这个难题，惠更斯设计了一种钟摆悬架。他在钟摆的悬挂点安装了两片弯曲的“摆线夹板”，该设备在摆绳摇摆时会恰当地挡住部分摆绳，让摆绳的有效长度随着摆幅变大而缩短，使得钟摆移动轨迹是一条摆线而非圆弧。这样，不管摆幅多大，所有摆幅的频率都是相等的。然而在海洋上进行实验时，该改进方案由于经度问题一直没有奏效过。大约100多年后，英国钟表制造商约翰·哈里森设计了一种有效的“精密记时计”，这才解决了海上航行的经度问题。惠更斯的理论工作是科学史上的基石，他在离心力的研究方面作出了卓越贡献。同时，他还为牛顿运动定律做好了充足的前期工作，他揭示了这样一个真理：除非有外力作用于物体，否则原本直线运动的物体是不会变为曲线运动的。

1675年，惠更斯在计时器方面进行了另外一项伟大的创新——螺形平衡弹簧。它的作用就好比钟锤可以控制摆钟的运动一样，螺形平衡弹簧可以调整时钟内平衡齿轮的旋转摆动。所谓平衡齿轮，就是一个精细平衡的圆盘，可以保证钟表的机件正常运转。螺形平衡弹簧能够非常完美地控制钟表的旋转和摆动，能够保证钟表计时在一年内都准确无误。这项改进使得钟表市场在一夜之间火暴起来，几年后，绅士们开始将手表装在口袋里，随身携带着，这一潮流在当时风靡了整个欧洲。

1632—1723年

列文虎克

列文虎克（1632—1723年），是一位为人谦逊低调的科学家。作为一名布料商，他几乎一生都没有离开过家乡代尔夫特（荷兰的一个城市）。他毕生在自己的房间里默默无闻地辛勤工作，发现了一个全新的由各种微生物构成的世界，包括细菌和原生动物、线虫和轮虫、精子和血细胞等。

在列文虎克开始观察研究微生物之前，没有人料到世上竟还存在着如此微小的生命体，它们甚至无法用肉眼看到。当时，人们都以为最小的生物体就是跳蚤，只要视力不错都能观察到，却从未有人考虑过是否还会有比跳蚤更小的生物体。就在此时，显微镜应运而生了。

至今还无法考证究竟谁才是显微镜的真正发明者。几千年来，手工艺者们都是借助水滴或水晶把工艺品放大进行工作的。通常认为，第一个具有现代意义的显微镜出现在16世纪末，制造者是荷兰的一名眼镜商Z.詹森。此人手艺高超，擅长磨制透镜镜片并提高其放大率，他的突出贡献在于制成了“复式”显微镜，即通过将两个透镜叠放在一起而大大提高放大倍数。

很快，科学家们就意识到詹森显微镜在研究上的前景，开始在不同程度上对它加以改良。1665年，伟大的英国科学家罗伯特·胡克出版了论著《显微制图》，书中论述了显微镜技术的基本原理，并附上世界上第一张活的微生物图片，该图案是一个软木塞上的生命体。但在当时，科学工作者们从未对肉眼看不到的微小世界进行过探索，他们仅仅应用它观察诸如皮肤、软木塞和毛发等结构。

列文虎克在科学史上的重大贡献在于，他对许多当时看不见生命体的地方用显微镜进行了细致的观察，这当中包括许多非常特别的物质，例如雨水、牙垢、粪便、血液等。在这些看似没有生命的地方，列文虎克却开辟出了一个丰富多彩的微生物世界。

■ 贫穷的布料商

列文虎克于1632年10月24日生于荷兰代尔夫特的一个贫穷家庭。他的父亲是编制篮子的手工艺人，母亲来自酿酒艺人家庭。有关列文虎克幼年生活的历史记载几乎是一片空白，只知道他小时候在附近的城市瓦尔蒙特接受过基础教育。16岁时，他就挑起了养家糊口的重担，在舅舅的亚麻布料店里充当一名学徒。4年的学徒生活结束后，列文虎克回到家乡凭自己的手艺开了一家布店，在这里他度过了传奇般的人生旅程，直至91岁时辞世。

在此期间，列文虎克还兼任过其他的工作。1660年，他在代尔夫特市政厅当管家。此外，他还曾担任过朋友杨·维梅尔（荷兰黄金时代绘画家）的财产受托人。

列文虎克在22岁时和芭芭拉结为连理，婚后他们生育了5个儿女。12年后，芭芭拉因病撒手人寰，子女们也由于缺乏足够的照顾多数夭折，只有女儿玛丽娅活了下来。后来，列文虎克再婚，但不久第二任妻子也突然

↓图为在灯光下拍摄的团状聚花轮虫群落的显微镜照片。该群落由50～100个菌体组成。图中为该生物的足部，它们的躯干部分均从某个共同点呈放射状排列。

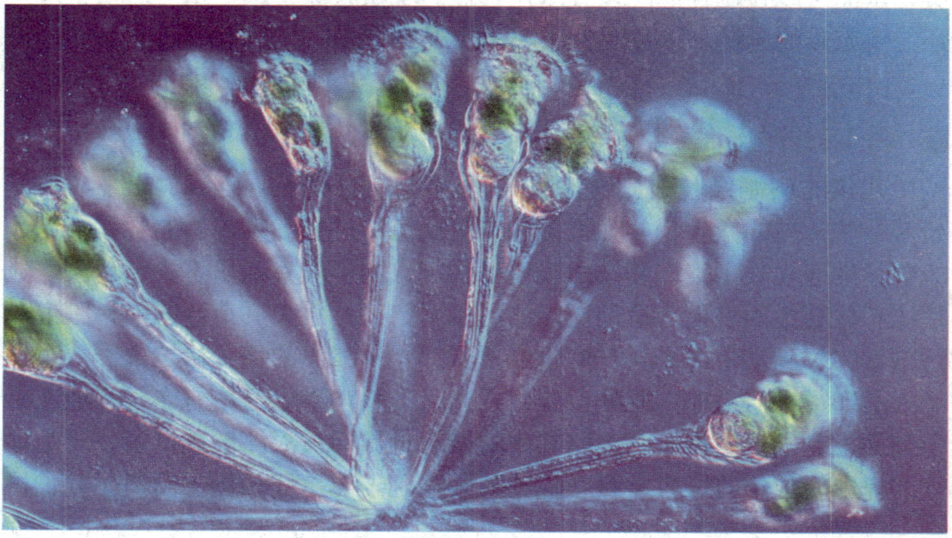

去世，此后他便终身未娶。女儿玛丽娅搬回父亲家里，照顾列文虎克的饮食起居，父女俩相依为命生活。他们的居所极为简陋，家中只有一条长毛狗、一只会说话的鹦鹉以及一匹安静的马。

■ 在家自制显微镜

1668年，列文虎克在阅读了胡克的名著《显微制图》后，对里面提到的显微镜技术产生了浓厚的兴趣。虽然他最初可能只是想用显微镜检查布料而已，但他却仍然充满了好奇心和探索的激情。和胡克不同的是，他并没有使用复式透镜组成的显微镜，而是选用了单个的高倍率透镜。更确切地说，那是一个高放大率的放大镜片，而不是当时普遍认为的显微镜。当时的显微镜技术的问题在于，虽然可以从中观察到清晰的图像，但放大倍数却不尽如人意，往往只有二三十倍。列文虎克在家耐心地磨起了镜片，几年后，随着磨制经验的丰富，加上他较好的视力条件和良好的灯光设施，磨制出了放大倍数达到200多倍的镜片。如此精湛的手工技艺，在此后长达两个多世纪内都无人能及。

列文虎克一生制作了500多个这样的镜片，但留给后人的却仅有10个。这些看似简单的镜片仅几厘米长，透镜下面放置一块铜板，铜板上钻了一个小孔，光线从下面透上来照亮观察的视野，样品区安装了两个螺丝钉，从而可以控制样品的位置以便聚焦。观察时除了这个精巧的设备外，还需要充足的光照，以及观察者敏锐的观察力。

■ 寄信给皇家科学院

几年的磨制经验使列文虎克制作透镜的技术更加纯熟。此时，他开始对一些常见的微生物（如霉菌和小昆虫等）进行细致入微的观察，例如他曾仔细地观察了蜜蜂复杂的眼睛结构等，从中观察到了不少新现象。他按捺不住心中的喜悦，邀朋友瑞格尼尔·德·格拉夫（荷兰的内科医生和解剖学家）到家中分享自己的研究成果。年仅32岁的德·格拉夫由于发现了人类卵巢中产生卵细胞的位置，在当时的科学界已经小有名气。他在看了列文虎克的显微镜，并观察其中的微观世界后被深深地震撼了，于是他立即提笔写信给英国皇家科学院的院长亨利·奥尔登伯格，向奥尔登伯格极力推荐朋友列文虎克的惊人发明和奇妙发现。读完德·格拉夫的推荐信后，奥尔登伯格立即致信列文虎克，邀请他为自己的特殊发现写一篇观察记录，预备刊登到皇家科学院的刊物《皇家学会哲学学报》上。

伦敦是17世纪末的科研中心，对于一名身份卑微的荷兰布料商而言，能够收到这样的邀请函简直就是莫大的殊荣。列文虎克在寄出的观察记录中附加了一段话，说明从未想过要把自己的发明和发现公布于众，所以不知道自己在文中表达得是否到位。由于列文虎克不懂当时国际科学界通用的拉丁文，他不得不先用荷兰文写好报告，再请当地的语言学者把它译成拉丁文，而信件寄到英国后又被译成英文发表在刊物上。

列文虎克最初的发现并不引人注目，第一份报告的内容与10年前胡克的报道相比也没有太多新意，但是这份观察报告还是被刊登了出来。初次成功的喜悦并没有使好奇心强的列文虎克头脑发昏。相反，他那锲而不舍的探索精神被愈加激发起来。他持续不断地向科学院寄出自己的观察记录，这样坚持了整整50年，他寄出的记录数量是科学院任何一位会员都无法超越的。

■ 微生物的世界

虽然第一份报告并没有表现出研究的创新点，列文虎克的制镜技术却在不断提高。1674年，他在报告中提到了自己在水中发现的微小生命：

我在流动的水中发现了类似微粒的东西和一些绿色的条带物。这些微小生物有的呈球状，有的呈带状，还有的呈螺旋蜿蜒状，它们都有规律地寄生在用于冷却蒸馏器的蒸馏水的表面。而它们（这些微小生物）的大小还不到头发的一半。

在所有信件中，最有名的当属1676年10月寄出的第18封报告。这一次，他在一滴雨水中发现了细菌。然而，列文虎克并不满足于此。1677年，他在一份报告中记录了他对自己精液的观察。现在我们已经知道，精液由一大群会游动的微小精子组成，这些精液中的微生物（或者说是小动物）几乎都有着一模一样的外形，与雨水中的生物体大相径庭。列文虎克仔细观察了大量精子的形态，发现它们都由一条小尾巴和一个小脑袋组成，除此之外没有多余结构。他还注意到，这些小东西在精液中的游动姿态类似小蝌蚪在水中的运动。对当时的其他人来说，这些发现简直匪夷所思。几十年后，他的这个发现才得到科学界的承认。

丰富多彩的生活

1863年，列文虎克在寄出的第39封信内提及了对自己唾液和牙垢的观察结果。唾液中不存在任何的微生物体，而牙垢中却有很多。他在文中写道："有许多小生物在运动，其中最大的个体运动能力很强，移动速度也很快，就像水中划过的一根长矛；较小的个体常常像陀螺一样旋转……而且这些微生物体的数量远远多于前者。"他在喝完滚烫的咖啡后再从自己牙齿上刮下牙垢进行观察时，却发现牙垢中不含任何微生物体了。于是，他得出结论："很可能是热咖啡烫死了我牙齿中的小生命。" 后来，他又从没有接触到热咖啡的牙齿上取样，再次发现里面有微生物的存在，这使他对自己的结论更加坚信不疑。

列文虎克的研究范围还在扩大，当他在自己生病时从口腔内取样或从自己溃烂的龋齿里取样时，发现里面的微生物数量大大增加，他推测细菌很可能是引起各种病患的罪魁祸首。遗憾的是，他没有进一步地观察从而最终得出细菌是病原体的结论。直到一个世纪以后，著名科学家路易斯·巴斯德才完成了这个跨越。但是不可否认，列文虎克的工作已经相当出色了，他得出的许多有关细菌的结论，包括这些生命体在人们生活中所起的各种有益和有害的作用等都与现代的认识水平相差无几。

1723年8月26日，列文虎克在家乡去世，享年91岁。在生前，他赢得了公众的广泛尊敬，当时的英国女王玛丽、神圣罗马帝国皇帝以及许多知名人士都曾造访他的陋室，观看他的显微镜下的奇迹世界。可贵的是，他从不争名夺利，生性淡泊的他安于平静的生活，在他亲爱的女儿精心照顾下，列文虎克一辈子都专心于心爱的显微世界。他在生命的最后几年打造了一个漂亮木箱，专门用来放置他的显微镜和样品。女儿玛丽娅在父亲逝世后，遵从遗嘱把木箱寄给了皇家科学院。然而一个世纪后，这个宝贵的木箱却离奇失踪了，直到最近人们才陆续发现了一些原来在里面的物品。列文虎克的记忆很不好，以至于不少重要信息都没有记录，他的女儿独自一人在代尔夫特仔细整理了列文虎克的遗物，用来纪念父亲一生的重大发现和贡献。

发现细菌

列文虎克的第18封信整整写满了17页兰纸，在信的开头他十分谦逊地总结了前几年的科学发现："1675年的9月中旬……我在雨水中发现了小生命体，几天后我又在新浴盆里发现了内部呈蓝色的小生命体。"列文虎克认为，应该对水中的微生物展开进一步研究，正如他在信中写的，"相对于我们用肉眼能看到的最小的跳蚤或寄生虫来说，这些小生物大概只有它们的万分之一大"。

他详细叙述了对雨水、池水、井水、海水等各类水源进行的观察，每种样品都在空气中放置一段时间后进行观察。每次他都会看到一些极其微小的生物。他对其中的一类尤其感兴趣，它们看起来像是有"足"和"尾巴"，常常在水中乱转。"这些小生物在运动的时候，头部会伸出两只小角，并不断地活动，就好像是一匹高头大马耳边的一只小蜜蜂。"

虽然这些小生物很可能就是现在普遍认为的细菌，但由于缺乏确凿的资料，以至我们仍然无法确定。列文虎克又对浸泡着胡椒粉的水进行了观察，这次他清楚地看到了细菌。起先他以为这些小生物已经死亡了，因为它们几乎静止不动，但随后他找到了证明它们具有生命力的依据。

列文虎克提出的"一滴水中存在成千上万的微小生物体"的论断令亨利·奥尔登伯格简直不敢相信，他要求列文虎克对此给出具有说服力的证据。列文虎克请来了当地最有威望的人，包括教区牧师，来家里观赏他的显微世界，最终这些人证明了他的说法。若干年后，胡克在自己的实验中，也发现了同样的现象，并请来伦敦圣保罗大教堂的设计师克里斯托夫·瑞恩做公证人，在他面前演示了实验过程。

1635—1703年

罗伯特·胡克

罗伯特·胡克（1635—1703年）是一位被历史埋没的伟大科学家。17世纪末，他在众多领域都作出了重要的贡献。然而在生前，他却默默无闻，几乎无人知晓。

多数人知道胡克的名字都是由于他提出的胡克定律（弹性定律），该定律阐明了物体伸长（或压缩）的基本定律，说明了在弹性限度内，弹簧的伸缩长度与施加在它上面的外力大小有关。但事实上，这个重要的定律只是胡克众多科学成就中的沧海一粟。

胡克一生在科学领域内研究甚广，几乎令人叹为观止，为此他被科学界冠以“英国的列奥纳多·达·芬奇”的美名。在无数伟大的科学家中，他或许是思维最活跃、动手能力最强的一位。他一生的发明创造无数，甚至可以与他提出的科学理论相媲美。

纵观胡克的诸多发明，分别有号角状助听器、世界上第一台应用水平仪、上下推拉窗、钟表中的平衡擒纵轮、风速计（测量风速）、湿度计（测量空气湿度）、旋转气压计（监测大气气压变化）、十字准线（三点一线，用于望远镜观察目标物时的瞄准，后来发展为枪械中的瞄准器）、虹膜光圈（后来发展为相机中使用的光圈）、信息传播的密码、辅助呼吸的呼吸器、潜水钟、空气泵、万向接头（现常用于汽车中的驱动轴）、船只中的龙骨结构、早期的声波定位器、水银汞齐（后用于牙套填充材料）、千分尺、气枪等，类似这样的发明简直不计其数。像列奥纳多·达·芬奇一样，胡克对飞行器也颇有兴趣，对此还曾做过实验进行研究。他甚至还预言了蒸汽机的可行性。难怪当时他的朋友约翰·奥布里（著名的日记作家）形容胡克是“当今世界上手艺最精湛的工程师”。

胡克不仅是一名天才型的发明家，还是一名学识渊博的科学家。他曾与当时许多享誉世界的科学家来往甚密，如牛顿、惠更斯、列文虎克、雷恩（建筑学家）等，这在很大程度上推动了彼此的科学研究。由于有关胡克的大量文献资料不知所终，即使在他生前，人们对他的科研贡献也知之甚少。残存的历史资料表明，波义耳先生十分欣赏胡克，尤其在他推导空气定律的过程中，由于胡克的协助才使他的科研工作顺利完成。而另一名科学巨匠牛顿却长期与胡克交恶，二人在“究竟是谁首先提出平方反比定律”的问题上争论不休（平方反比定律：引力与距离平方成反比的定律）。事实真相是，胡克的研究对发现该定律具有至关重要的作用，但牛顿却在自己的著作中把胡克的贡献抹去了。

尽管如此，胡克的光辉成就终究是不可磨灭的。他是研究显微镜技术的先驱，首次在显微镜下观察到构成生物体组织的蜂窝状小室，并为其命名“细胞”。他的著作《显微制图》是描述显微世界的经典著作，启发了列文虎克和作家塞缪尔·佩皮斯的工作。胡克还是气象学鼻祖，他提出了风速和气压等监测大气情况的指标，并说明了气象预报所需监测指标的精确程度。

不仅如此，胡克还是一名优秀的建筑工程师。1666年，一场突如其来的大火烧毁了伦敦城，他与好友克里斯托夫·雷恩爵士（著名建筑学家）一起重建了这座城市。他独立设计并建造了许多不朽的建筑，如伦敦城中举世闻名的希腊风格圆柱物就是出自他手，此外，还有宫殿风格的伯利恒大医院（耶稣出生地，该医院后来被毁）等建筑，甚至连完美绝伦的惊世之作——圣保罗大教堂也极可能是他的手笔。

■ 年轻的胡克

罗伯特·胡克于1635年6月18日出生于英国南部威特岛的弗雷施瓦特。他曾形容自己平平淡淡的童年无惊无险，但事实上在他幼年时，天花病肆虐横行，给他的孩童记忆留下了无法抹去的创伤。他在回忆中从未提到过母亲，他自小就是个性格乖僻的孩子，常常独自一人在威特岛的白垩地形处漫步，或许就是在那里他逐渐对化石有了一定的了解。

11岁时，胡克平淡的童年遭遇了一次沉重的打击，在教堂任神职人员的父亲在反英国内战的保皇游行中被杀，仅仅给家里留下了40英镑的遗产。不知是由于邻居的热心帮忙还是出于自己的意愿，12岁的胡克被送到了英国伦敦，在著名油画家彼得·莱利的画室里当了一名学徒。这位画家在当时凭肖像画《查理一世》远近闻名。不到一年，胡克就学到了许多有用的绘画技巧。此时，他决定去接受一些正规教育，于是他怀揣父亲的那笔遗产迈进了威斯敏斯特（伦敦市的一个行政区）学校的校园。入学才一周，年仅13岁的胡克就读完了欧几里德的所有著作，校长理查德·巴士比很快就注意到了他与众不同的个性和高超的动手能力。

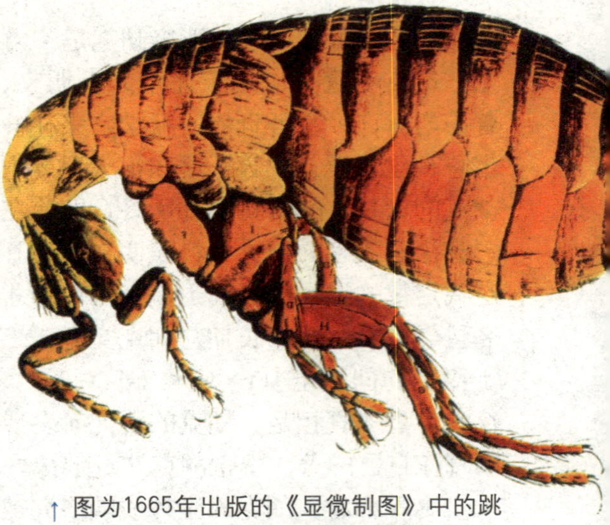

↑ 图为1665年出版的《显微制图》中的跳蚤图片，由罗伯特·胡克亲手绘制。

巴士比非常欣赏他的才华，便资助他的学业，直到他升入英国牛津大学深造。胡克半工半读，凭着在合唱团的工资维持生计。17世纪50年代末，胡克在校园里偶遇著名爱尔兰化学家罗伯特·波义耳。不久，波义耳就请他担任自己的科研助手。在波义耳的指导下，胡克开始研究空气泵的设计工艺。受胡克的思路启发，波义耳发现空气是可以压缩的，而且压缩后的体积大小与加在气体上的压强成简单的反比关系，这就是人们所熟知的著名的波义耳定律。胡克为后世制造空气泵铺就了平坦大道，时至今日，他所提出的方案仍不断被人们采用。

皇家科学院

由于在科学上的巨大成就，波义耳和胡克成为格里辛学院的核心人物。基于该学院的科研基础，学校准备筹建一个规模更大的、由众多伟大科学家组成的皇家科学院。1662年科学院成立，经波义耳极力推荐，胡克担任了皇家科学院的实验室主任。然而，这个职位是没有工资的，并且胡克还得在每次例会上汇报他最新的实验成果。很难想象，除了胡克以外，还会有谁愿意承担这么艰巨的任务，又能将这项使命完成得如此漂亮。他所得到的科学观点和实验依据之多，迄今为止在科学院中无人能望其项背。他的工作量浩大，常常要同时用到好几个科学领域的知识，这似乎非常适合知识面甚广的胡克。然而，或许恰恰是因为这一点，才造成了他终其一生也没能提出一个具有代表性的科学论断，以至于他的伟绩多年以后才被世人所熟知。

胡克于1665年出版了他一生中最伟大的著作《显微制图》（参阅第72页），这部凝聚他毕生心血的作品奠定了他的学术地位，也大大提高了他的知名度。然而，当他想要在其他领域作出进一步的成绩时，他却失望地发现，一些早已由他提出或用实验加以证明的学说，却被其他科学家抢先一步据为己有，并冠上了那些科学家的名号。

■ 与牛顿之争

在这方面，和胡克争论最为激烈的便是牛顿。1672年，当牛顿提出有关光和色彩的形成理论时（参阅第79页），胡克终于按捺不住，指出了自己早在7年前就提出了牛顿所谓的新发现。他还争辩说，光并不是以微粒形式传播，而是以波动形式行进的，这个观点在后来由荷兰科学家惠更斯给出了更加全面的论述。于是，一场优先权之争在两位科学家之间拉开了帷幕。

17世纪80年代，牛顿率先提出重力理论，并认为重力是一个常数，即重力处处相等。而胡克却认为，由于行星轨道是椭圆形的，这便不能保证“重力是常量”论断的正确性，重力的大小应该满足平方反比定律，即引力的作用强度随两物体之间距离的平方的增加而减小。遗憾的是，尽管早在10年前胡克在牛津大学求学期间，他用天文望远镜观察天体时就对此有所提及，但他却并没有给出有力的数学证明。牛顿参考了胡克的意见，在几年后写成了宏伟巨著《自然哲学的数学原理》，在这部书中他用数学方法证明了平方反比定律。

当胡克看到《自然哲学的数学原理》后大为震惊，立即向皇家科学院提出意见，坚称是他的观点为牛顿最终得出平方反比定律奠定了基石，并且要求牛顿至少应该在书中提到他的功劳。牛顿听后勃然大怒，一气之下把《自然哲学的数学原理》里大部分涉及胡克的引用内容全部删掉。在

《显微制图》

胡克的《显微制图》出版后，在世界上掀起了显微镜热，这可能是历史上第一部反响最热烈、影响最广泛的作品。书刚出版，著名的作家佩皮斯就迫不及待地买来了一本，并在文章中写道，“我在卧室阅读胡克先生的《显微制图》直至深夜两点，这是我一生中看到过的最出色的作品”。

胡克可能是第一位通过显微镜仔细观察微生物的科学家。他自制了一台一流的复式显微镜，观察了如昆虫、海绵和有孔虫类等大量生物体的结构，并且把所有现象都一丝不苟、事无巨细地记录在了书中，当然还包括他亲手绘制的栩栩如生的显微世界。他第一个清楚地观察到跳蚤的体表结构，甚至还看清了跳蚤腿上一根根细微的毫毛。

胡克最著名的发现当属他对软木塞的观察，他在书中写道：“我可以非常肯定它是由多孔结构组成的，类似蜂窝状的小室，然而这些小孔的排列很有规律性。这些小孔或者说是隔间（现在我们所称的“细胞”）……其实是我未曾见过的微孔组织，或者以前在哪里看到过……”我们现在已经知道胡克发现的是活细胞，“细胞”之名就是由他取的，因为这些小孔让他想起了修道院里的小隔间。

胡克在化石的研究领域造诣颇高，他注意到了石化木材、化石贝壳、活的树木以及贝壳之间的相似关系，并进一步描述了从无机矿物质到生物组织，再到无生命的结构的整个石化过程。

胡克所做的工作远远不只于此，自从在高山上发现海贝壳后，他便推测以前地球曾经发生过山崩地裂的大地震，使得海底峡谷上升成为高山群岭。他甚至还进一步推测其中的某些化石很可能就是已灭绝的物种。这些超前的观点在当时并未受到关注，直到200年后达尔文进化论的提出，胡克才成为这场科学革命中地质学观念革新的精神领袖。

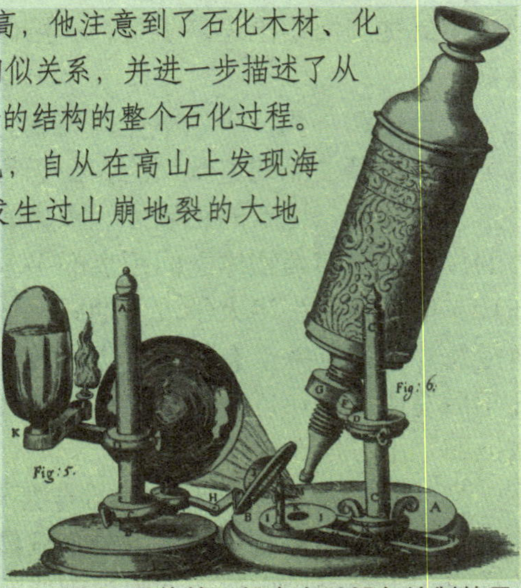

↑ 图为罗伯特·胡克在1665年绘制的显微镜结构。

一份著名的报告中，牛顿引用了拉丁文中一句咬文嚼字的俗语“仅仅通过猜测无法证明事物的真相”——暗喻科学功绩理应属于能给出确凿依据的人。牛顿在当时的科学界具有很高的威望，他对胡克的排挤使这位科学家在事业道路上严重受挫。即使是在今天，大部分人仍然对牛顿的经典理论深信不疑，而胡克则由于欠缺科学的逻辑推理能力和扎实的数学功底，缺乏将学说证明成严密理论的能力，相对牛顿而言完全处于劣势。

最后的岁月

随着岁月的流逝，胡克日渐衰老，性格也越来越孤僻阴郁。牛顿依然对两人的陈年旧事耿耿于怀，据说牛顿在登上了英国皇家科学院的主席宝座后，曾下令将英国皇家科学院中有关胡克的所有研究成果和研究资料全部分散或者销毁。

60多岁时，胡克已经身心交瘁，整天失魂落魄。显然，与牛顿之间的纷争造成的巨大压力是一个重要的原因，但患病根源却在于胡克自己。他时常在自己身上做各种药物实验，这些药物严重损害了他的健康。更糟糕的是，为了赶上计划中的科研进度，他反复给自己注射兴奋剂，以保持旺盛的精力。然而这样更是透支了他的生命，在最后的几个月中，胡克的病情迅速恶化。朋友们无法忍受他的神经质，对他的病症也束手无策，只好离开了他。1703年3月3日，罗伯特 · 胡克在格里辛学院的家中与世长辞，唯有一名女仆在他身边送终。

1642—1727年

艾萨克·牛顿

艾萨克·牛顿（1642—1727年），举世闻名的大科学家，科学界永恒的巨星。他“发现”的万有引力和以他自己名字命名的三大运动定律成为经典力学的基石。他还创造了微积分数学，并揭开了光的色彩形成机理等许许多多自然界中的奥秘。

在今天看来，牛顿提出的运动定律是那样的显而易见和理所当然，以至于我们无法想象这些定律的提出在牛顿所处的年代有多么大的冲击力。就当时而言，牛顿简直是一名功勋卓著的伟人。在牛顿以前，从来没人考虑过各种运动之间有任何共通之处。鱼儿在海里游动，书页被微风吹乱，天体在星空移动……这些看起来毫无关联的运动曾一度被解释为是受某种特殊的局部力量的控制，抑或上帝一时心血来潮的杰作，而浩瀚的宇宙也因此在人们眼中变得那么神秘复杂、反复无常。

牛顿打破思想的枷锁，陆续提出了万有引力定律和三大运动定律，证明任何运动形式，都遵循着某种共同的简单规律。他为此编著了经典著作《自然哲学的数学原理》（简称《原理》）。这部科学史上最伟大的作品揭开了宇宙的神秘面纱，揭示了一个亘古不变的经典真理:任何场合中的任何类型的运动都遵循着某种可掌握的规律。如果说整个宇宙最终被发现像个构造精巧的钟表，它一直遵循着某种既定的规律在不停运转，那么牛顿的物理定律就是控制它运转的发条。令人难以置信的是，这些在实验室中得到的数据和规律不仅适用于地面上的各种运动，同样也可以推广到宇宙中。

《自然哲学的数学原理》还揭示了另一伟大真理：宇宙中的运动规律可以通过数学方法进行分析。牛顿创造了解决这个难题的数学工具——现在广为应用的微分学和积分学（参阅第78页）。对于运动定律而言，这如虎添翼：无论是要分析任何运动情况（如把咖啡杯升高到行星轨道上），还是要预测某种运动引起的效应（例如火车开经一座新建的桥梁时的情况，或是分析太空船着陆的状态），所有关于运动的问题都将迎刃而解。牛顿把这一切整合成简单的理论，用来研究分析宇宙中任何事物的运动，无论是庞大的恒星还是微小的分子都一样适用。

牛顿的学说得到了广泛的承认和赞赏，他本人也因此成为18世纪最受拥护和尊敬的科学领袖。自他提出经典论断那一日起，一个全新的具有光明前景的时代正悄然来临。在这个辉煌的时代，人们开始相信自己的力量，相信人类可以掌握世界的规律，并且推动世界的发展。

正如亚历山大·蒲柏（英国著名的批评家和诗人）在他著名的讽刺诗篇中感叹的那样："整个世界和自然规律湮没在黑暗中，主大声说，'让牛顿去发现吧！'于是万物放出了耀眼的光芒。"

如果说当时的这些观念在今天看来有点过于乐观，那仅仅是因为我们常常误以为自己在做着正确的事情，却没有意识到我们的所作所为已经超过了我们对世界的了解，这与牛顿提出的观念是背道而驰的。假如爱因斯坦的发现更进一步，他将发现处于极端状态下的自然规律，而牛顿定律所提出的只是日常条件下万物运动的基本规律。

年轻的天才

1642年的圣诞节，艾萨克·牛顿诞生于英国林肯郡小镇沃尔索浦的一个自耕农家庭里。由于是个早产儿，他的亲人都担心他能否存活，因为"他是如此瘦小，甚至可以放进1夸脱（美国的度量体系，约0.946升）大小的水壶里"，天生羸弱的牛顿让家人一度担忧他会夭折。谁也没料到，这个小孩长大后非常健康，且活到了84岁高龄。牛顿是一个遗腹子，当他18个月大时，他可怜的寡母改嫁给当地的一个富有的牧师，并搬到威瑟姆附近，而把小牛顿交给了他的外祖母抚养。

牛顿自幼遭母亲遗弃，这对他的性格产生了很大影响。尽管他母亲在第二任丈夫逝世7年后回到了他身边，然而若干年后牛顿依然承认小时候"曾扬言要烧死继父和母亲，把他们的房子也烧得一干二净"。成年后的牛顿是个难以相处和共事的人，性格敏感内向，沉默寡言，而且暴躁易怒。

大约从12岁起，生性孤僻的牛顿被送到学校读书。少年时的艾萨克·

牛顿并不是神童，他资质平常，在学校毫不起眼。直到有一天，他被一个蔑视他的同学用拳头威逼挑衅，年轻的牛顿怒火中烧奋起反抗，把强大的对手打得毫无招架之力，趴在地上抖成一团。牛顿还暗下决心要在课堂上也胜过那个自命不凡的家伙。从此以后，牛顿全身心地投入了学习中，成绩节节攀升，同时对科学产生了极大的兴趣，并亲手制作了小水钟和会在空中飞行的灯。

牛顿的老师约翰 · 斯托克斯发现了这个孩子身上的潜质，牛顿的舅舅威廉 · 艾期库牧师也极力鼓励外甥去剑桥深造。1661年，在老师的推荐下，年仅19岁的牛顿来到剑桥大学深造。自迈入校园的那一刻起，牛顿就把功课晾在一旁，废寝忘食地埋头于自己的研究，结果几乎没有通过一门课程的考试。他的导师恼怒不已，却全然不知牛顿已经探索到了科学的前沿。当时，

↑图为牛顿在做“色散实验”时的情景：在一间四周遮光的房间里，通过一个小孔，引一束阳光进入屋内，并恰好射在预先放好的三棱镜上，使光分解成几种颜色的光谱带，之后再使光谱带通过一块带狭缝的挡板，仅允许一种颜色的光射过并打在第二个三棱镜上，这时穿过第二个三棱镜的光呈现原有的一种颜色。由此，牛顿得出结论，阳光并不是由人们所见的白色组成，而是由组成彩虹的7种颜色的光组成的。

牛顿的伟大定律

关于牛顿如何发现万有引力有一个脍炙人口的故事：1666年的盛夏，当牛顿坐在沃尔索浦的一棵苹果树下乘凉时，一个成熟的苹果掉落在他的脑袋上，从而令他联想到引力。虽然这看似一个传说，但牛顿本人也承认这个说法。

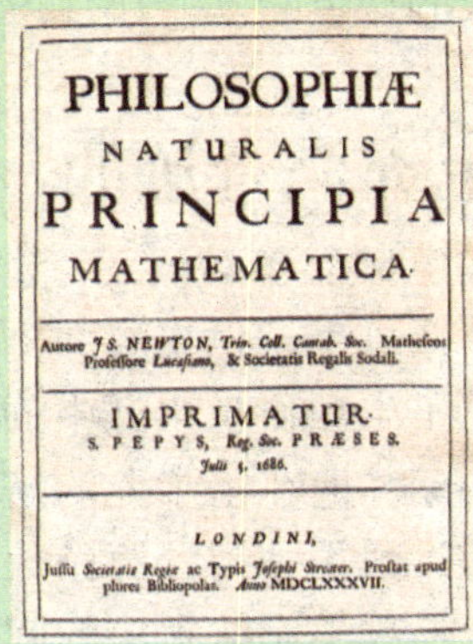

PHILOSOPHIÆ
NATURALIS
PRINCIPIA
MATHEMATICA.

Autore J S. NEWTON, Trin. Coll. Cantab. Soc. Matheseos Professore Lucasiano, & Societatis Regalis Sodali.

IMPRIMATUR.
S. PEPYS, Reg. Soc. PRÆSES.
Julii 5. 1686.

LONDINI,
Jussu Societatis Regiæ ac Typis Josephi Streater. Prostat apud plures Bibliopolas. Anno MDCLXXXVII.

↑图为牛顿的划时代巨著《自然哲学的数学原理》封面，于1687年出版。

事实上，并不是单纯一个苹果促使他思考，真正令他着迷的课题是：苹果为什么会自上而下坠落？在他出生之前的半个世纪，开普勒就发现了行星的轨道成椭圆形，伽利略则发现物体从高处往低处掉落时总是做加速运动，却从来没有人把两者联系起来考虑，更不用说想到它们之间有任何共同的内因了。

然而牛顿却想到，苹果并非是单纯的下落，而是有某种看不见的力在拉它。接着他又想到在轨道上运行的行星是否也受到这种力的作用：正如把苹果往地面拽一样，是不是某种力也同样存在于天体之间，令月球围绕地球旋转，而行星围绕太阳旋转，使得它们不会飞远呢？这种思考看似简单，实则巧妙，它促使牛顿发现了万有引力定律，这种普遍存在的作用力发生在任意两种物质之间。他还通过数学运算，证明了该力处处相等，并且力的大小与两物体各自的质量（所含物质的量）成正比，而与两者间距离的平方成反比。

在接下来的20年中，牛顿进一步完善了他的定律，进而提出了牛顿三大运动定律。牛顿第一定律是惯性（或动量）定律，指的是物体在没有外力作用的情况下会保持原有的状态。他把惯性定律运用到解释月球的运行中，月球原本是保持直线运动的，而在万有引力的作用下它开始做圆周运动。牛顿第二定律指的是：物体运动的速率和方向与施加的外力和物体本身质量有关。假如月球距离地球更近一些，那么根据万有引力定律，两者之间的拉力会变得很大，导致月球撞击地球；而假设月球距离地球更远一些，同理可知两者之间的作用力将减小，以至不足以维系住月球，那么月球将离开原来的轨道，飞逸到遥远的外太空。牛顿第三定律则说明任何作用力与反作用力都是大小相等、方向相反的。因此当两物体撞击时，它们受到的弹力都是相等的。

法国的科学天才勒内·笛卡儿（哲学家和科学家）革新性的数学和科学理论刚传到英国，而年轻的牛顿早已对此了然于胸，甚至已经进行了更深层次的探究。

■ 充满奇迹的一年

1665年8月，一场严重的鼠疫席卷了伦敦，学校唯恐波及师生，宣布停课。牛顿也离校回到家乡沃尔索浦镇休息了整整一年，这段短暂的时光成了牛顿科学生涯中的黄金时代。在林肯郡安静的环境里，他的思想展翅飞翔。他在笛卡儿的解析几何的基础上，找到新的出路，并建立了微积分学：这是一门计算函数变化快慢的高等数学学科，可以解决计算加速度等初等数学无法解决的问题。这个被牛顿自称为“流数术”的数学分支，在一定程度上借鉴了阿基米德计算曲面和圆面积时将它们切割成无限小矩形或多边形的简化算法。同时，他站在更高的角度，对以往的科学成果加以综合和改进，解决了曲线上任意一点的切线及斜率问题。这些抽象理论应用到实践中便可以求解一个变速运动的物体在一定时间范围内走过的路程，从而可以得到任意时刻的加速度。

在此期间，牛顿最惊人的研究成果便是三大运动定律和万有引力定律的提出。不久以后，他又有了新的发现。一天，他在斯陶尔布里市场中闲逛时，偶然发现一对玻璃三棱镜，他出于好奇心买下它们，并对光学现象及色彩的成因进行了研究。牛顿让一束太阳光通过三棱镜分解成几种颜色的光谱带后，再用一块带狭缝的挡板把其他颜色的光挡住，只让一种颜色的光通过第二个三棱镜，结果出来的只是同样颜色的光。这样，他就发现了白光是由不同颜色的光组成的，这对光学研究是一大贡献（参阅第80页）。

引人注目的是，在牛顿休假期间的全部科学贡献中，唯独此项在他第二年返回剑桥大学时才公布，但仅凭这一项便已足够显示他出众的研究才华了。1669年，26岁的牛顿晋升为剑桥大学卢卡斯讲座的数学教授。尽管牛顿在研究中得到大量的成果，却不喜张扬。只有在受到学术界同人的挑战，或是有人要先于他发表类似理论时，他才会将自己的学说公开发表出来。

暴躁的科学家

这种低调的科学态度为他带来了许多令人头疼的问题。例如，他整整延后了30年才出版了关于微积分的著述，而在这段时间里德国哲学家莱布尼茨也发表了自己的独立研究，出版了同样命名为“微积分”的数学著作，从而在数学界掀起一场轩然大波。这场关于谁才是微积分学创建者的争论闹得不可开交，以至最终需要皇家科学院出面调停。牛顿还在委员会报告中造假，以求确保自己被认为是微积分的建立者。甚至在莱布尼茨逝世后，他仍然不依不饶，发表长篇大论言辞激烈地抨击这位已故的德国哲学家。

类似的麻烦事件还在继续上演。1684年，在牛顿发表了万有引力定律和三大运动定律后，他在科学界的老对手——罗伯特·胡克宣称，他早已提出平方反比定律并解决了天体运动问题。胡克确实提出过平方反比定律，但限于自身数学水平的局限，他无法说明其中机理，也无法对其给出严密的证明。牛顿认真考虑后，认识到尽管自己的万有引力和运动定律目前仅仅适用于地球，将来也可以论证推广至天体运动。于是他决定引用胡克的理论，重新坐下来开始了不朽名著《原理》的编写。30个月后，这部巨著便出版面世了。

当时，牛顿由于在1668年制作改良的天文望远镜早已声名大振。之前的由多个透镜组成的复式望远镜在各地早有使用，然而其庞大的体积给使用者带来了极大不便。更大的问题在于，望远镜的体积越大，光线透过透镜产生的色散现象越严重，在视野中常常出现彩色条纹干扰观察。牛顿尝试用曲面镜代替透镜，如此一来，光便不再穿越镜面形成色散，而是从镜面反射回去。同时，反射回去的光线与照射光一经叠加，加强了光的强度，从而减少了望远镜所需的透镜数目，大大简化了望远镜的结构。一架15厘米长的“牛顿式”望远镜不仅在性能上堪与1米长的透镜复式望远镜媲美，还能避免所有的色散问题。

“整个世界和自然规律湮没在黑暗中，主大声说，‘让牛顿去发现吧！’于是万物放出了耀眼的光芒。”

↑图为牛顿的三棱镜反射到《光学》上的七彩光谱。

牛顿在光学上的贡献

牛顿在1704年出版的《光学》中，提出了一束光是由成千上万的粒子或者“微粒”组成的，并以相当快的速度前进。他进一步论证，这可以解释光为什么能在没有任何介质的真空中传播。同时，他还认为，光呈直线传播以及有清晰的投影都可以得到圆满的解释。光之所以会从镜面上反射，其原理等同于许多个网球从墙壁上反弹的效果。至于光的折射现象，可能是由于这些微粒在玻璃或水中的传播速度比空气中要快。几乎是在同一时间，荷兰科学家克里斯蒂安·惠更斯同样提出了对光本质的研究学说。与牛顿截然相反，惠更斯认为光的传播是波动式的，类似池塘中的涟漪，而绝非微粒式的。两大学派之间由此展开了旷日持久的激烈争端。现代科学认为，两个学说都揭示了光的本质，在不同情况下需选择性地应用这两个光学理论。

牛顿的赫赫大名

由于牛顿制造了反射型望远镜，他当选为极负盛名的皇家学会会员。这是一个欧洲科学研究的中心，云集了大量来自各国的顶尖人才。然而，当选会员后不久，当他在一次会议上汇报在三棱镜实验中对白光组成的发现时，却受到胡克的无端指责。牛顿气得立即辞职，并发誓：只要胡克还在科学院，他便永不回去。1703年胡克逝世，牛顿才重新回到科学院担任会长一职，直至他在1727年去世。

《自然哲学的数学原理》一书于1687年出版，这部著作的问世在全世界引发了科学热潮，牛顿也因此成了家喻户晓的名人。事实上，他是第一位近代科学史上的巨星。随后，牛顿被推选为剑桥的下院议员。当他来到伦敦参加议会会议时，受到了所有人的热烈欢迎，从高贵的国王到伟大的哲学家约翰·洛克，无不对他致以崇高的敬意。众多年轻的科研工作者聚集在他周围，其中包括一位来自瑞士的才华横溢的年轻女士法蒂奥·德·迪勒。据说48岁的牛顿还在工作中爱上了法蒂奥，以至于3年后，当法蒂奥离开牛顿回到家乡时，他在很长一段时间内心烦意乱，无法集中精力工作。

自此以后，牛顿再也没有新的科研成果问世。有一个时期，他离群索居，专心钻研起炼金术来。他甚至本末倒置，把这门技艺看得比自己的本职工作还要重要。

牛顿和炼金术

艾萨克·牛顿是公认的近代史上第一位伟大的科学家，他的宏伟巨著《原理》也是350多年来最重要的科学成就之一。它是典型的科学著作，具有观察性、实验性、实用性，以及可信的逻辑性。然而，从某种程度上说，牛顿也是中世纪最后一名炼金术士。他在炼金术和占星术上几乎倾注了半辈子的心血，在实验室翻阅古人的书籍寻找线索，不分昼夜地尝试着把各种金属转化为黄金。在他眼里，这门技术的重要性远高于使他成名的科研工作。牛顿并不满足于在物质世界中的求索和成就，转而对人类本身的奥秘也产生了极大的兴趣。他在炼金术方面做了不少功课，但在一次他的宠物狗引发的火灾中，大部分炼金术研究成果都毁于一旦。虽然留存至今的只有部分手稿，但其中的内容已经足以令人惊讶不已。我们宁愿相信那只是他随意的信手涂鸦，所有关于炼金术的记录绝不可能出自牛顿的天才脑袋。然而事实证明，牛顿曾相信世上存在着某种神秘力量引领他发现万有引力，这是相对更为理智的伽利略所不能接受的。

最后的岁月

1696年，牛顿被邀请加入皇室铸币所。流传甚广的说法是，这是对他杰出的科学贡献给予的荣誉。法国著名哲学家伏尔泰则认为是牛顿的外甥女嫁给的一位知名当权人士安排的。无论真相如何，牛顿对这份工作投入了巨大的热情，为了防止英国货币体系陷入瘫痪，他决定采取政策禁止伪造货币。

牛顿在铸币所担任所长直至他去世。胡克去世后，他返回皇家科学院重新上任，虽然已经年逾花甲，任职院长的他仍以前所未有的热情重组了科学院的内部人员结构。

1727年3月31日，一颗科学巨星陨落了。牛顿的遗体被安葬在英国伦敦威斯敏斯特大教堂，人们为他举行了隆重的葬礼。当时的达官显贵都参加了这次葬礼，街道两旁有无数的人注视着送葬队伍行进。诗人伏尔泰目睹了全部过程，他在作品中深深感叹：“英国人民像安葬一位深受臣民爱戴的国王一样厚葬了这位科学家，以纪念他在科学上作出的不朽业绩。”

卡尔·林奈

瑞典的植物学之王卡尔·林奈（1707—1778年），18世纪最伟大的植物学家，创造了系统的生物分类法。他提出的拉丁文的“双名制命名法”一直沿用至今。

1707—1778年

17世纪，欧洲的植物学家和动物学家通过研究，逐渐开始认识到世界上的生物种类成千上万。他们中的一些人在科学时代思潮的冲击中，开始以极大的兴趣研究身边的动植物；而另一些人则对千里之外带回来的奇花异草抱有极高的研究热情。

随着发现的生物种类越来越多，植物学家和动物学家对自然界的理解或者说是对整个生物群体的研究也越来越混乱。例如，当人们就动物研究著书或撰文时，往往因找不到合理的分类方法，而不得不诉诸按字母顺序排列的方式。同时，他们也缺乏区分神话故事中和现实生活中不同动物的方法。凡是在关于动物的书籍，以及“动物寓言”（中古时代动物寓言集，用现实或寓言形式描写想象中或真实存在的动物，并赋予每种具体化的动物以道德意义上的解释）中可能是从“羚羊”（Antalopes）（以字母“An”打头）开始，接着往下是关于“黑猩猩”（Apes）的故事（以字母“Ap”打头），然后是以“Ar”字母开头的一种动物。这种按字母顺序的排列方式遵循的是动物在英语中的先后顺序，但并不适用于其他语言。

首先尝试改变这种分类混乱局面的是英国著名植物学家雷·约翰（1627—1705年）。1671年，雷·约翰走遍欧洲各地找寻合理的分类方法，同行的还有他的朋友动物学家弗朗希斯·威洛比。遗憾的是，弗朗希斯在回来后不久就患病去世，雷·约翰独自承担起这个重任。经过不懈的努力，他建立起了一个所有动植物的分类目录，并在著作《植物新方法》（1682）中将第一类物种定义为“繁殖的后代与本身相似的群体”。在另一部著作《植物的历史》中，雷 · 约翰首次根据物种结构对它们进行了初步的分类。

100年后，林奈在前人的基础上发挥创新精神，建立了自己的“自然系统”。事实上，在探索生物分类的道路上他并非孤身一人。在1799年以前，世界上已建立起林林总总约50种分类方法。然而，凭借着两大优势，林奈的分类法脱颖而出。

首先，林奈对植物分类的依据是它们的生殖器官，即植物用来繁殖后代的器官。其次，他还为某一类植物用两个拉丁词命名。第一个词是生物的属名，表示它所在的类群；第二个词是种名，以便区分于其他生物。最后，在种名的后面再注上命名者的姓名。这种命名法也可以根据实际灵活运用，例如北极花（Linnaea borealis）的命名：发现者是林奈自己（Linnaeus），且该花是忍冬科花种，隶属于北极花属，而borealis有北冕座之意。这种简单有效的分类法在18世纪末就普遍为广大植物学家所接受，并一直沿用至今。

■ 在瑞典的童年

卡尔 · 林奈于1707年出生在瑞典东南部的慕克恩湖附近。成年后，他在回忆童年生活时曾很亲切地把家乡称为是瑞典最美的地方之一，“某个宁静的夏日，你坐在大自然的怀抱里，耳边传来杜鹃和各种鸟儿的美妙歌声，还有昆虫热闹的嗡嗡声和唧唧声，再一低头看到那一片锦绣成簇的花海，你将会为造物主的神奇力量发出由衷的赞叹”。

小林奈在学校里并没有对植物学或神学表现出任何兴趣，他父亲本打算将他送到修鞋匠那儿做学徒。幸好林奈的老师独具慧眼，认定他是可造之才，并极力说服林奈的父亲送他到乌普萨拉大学读医学专业。

当林奈徜徉于学校的植物园时，年仅25岁的他便被老植物学家奥洛夫 · 谢尔修斯所设计修建的园林的美丽景致深深地吸引住了，他一头扎进了浩瀚神秘的植物世界中。1732年，乌普萨拉大学的科学院派他到拉普兰地区考察收集植物标本。他常常因为自己在那里发现的新植物而感到非常开心，他的发现中包括一种白色的小北极花——林奈花（也叫林奈北极花），后来以他的名字为这种植物“注册了商标”。林奈最著名的一张画像，就是他站在拉普兰地区的萨摩岛居民中间，戴着用这种白色小花自制的花环。他在当地的调查结果也在后来写入了作品《拉普兰植物志》（1737）中。

■ 建立生物目录

从南方回来以后，林奈回荷兰完成了他的医学学业。在此期间，他拜访了富有的银行家乔治·克利福德。乔治家的花园和植物标本室里摆放着大量的花草，令林奈大开眼界。他还在当地结识了另一位年轻的自然学家彼特·阿蒂迪，两人志同道合，都是热心于动植物事业的科学家，交谈之后他们决定一起为物种分类的课题共同努力。他们商议由阿蒂迪负责调查鱼类和陆地动物，而林奈则负责研究鸟类和植物。不料，阿蒂迪在一次外出考察中不慎掉进阿姆斯特丹运河溺亡，于是只留下林奈一人继续完成这项事业。

1735年，林奈在荷兰出版了一本关于基本分类法的小册子，书名为《自然系统》。林奈在前言中写道："短短数页中列举了动植物分类的最佳方法，并按照一定顺序（如物种的体积大小）排序。我衷心期望自己的小小成果能获得大家的认可。"

■ 植物的性别

林奈笔下所提到的动植物之间分类的依据，就是植物的性特征。在林奈之前几十年，德国植物学家鲁道夫·卡默拉留斯（1665—1721年）曾经指出未经授粉的植物种子不会发芽。1717年，法国植物学家塞巴斯蒂安·维朗特作了一次关于植物性别的公开讲座，并以法国皇家植物园的阿月浑子树为例说明自己的观点。林奈认真听取了他的报告，并借鉴了这种观点。

1729年，林奈撰写了一篇题为《植物订亲》（1729）的论文，文中使用了隐喻——"一篇论植物订婚的文章，从中解释它们的生理学……结论是植物和动物完全一样"。维朗特在此前的报告中曾认为，花朵的性器官仅仅是指其花瓣结构。林奈则对此持反对态度，他认为花的授粉结构雄蕊相当于植物王国的新郎，而产种子的结构雌蕊相当于新娘，将二者合二为一才是真正的生殖系统。

新郎和新娘

根据雷·约翰下的定义，任何物种都是能繁殖后代的生物，林奈根据植物的性器官特征得到一种可行的分类法。他首先根据雄蕊的长度和数量（雄性器官），把所有的开花植物分成23种，然后再依据雌蕊的数量（雌性器官）进行细分。加上看起来没有花朵的隐花植物，如苔藓类等，所有植物总共被划分为24纲。

许多人对林奈书中关于性隐喻的文字非常不满。例如，他把双雄蕊纲命名为“二夫制”，意为“具有两个雄蕊及一个雌蕊的花”；他还说，“花萼可视做大阴唇，或称包皮；花冠可视做小阴唇”。正是因为这些大胆的比喻，多年以后仍有不少学者认为年轻妇女并不适合学习植物学这门课程。

林奈的教学风格

尽管如此，人们不得不承认林奈的分类法简单实用。它的魅力在于，任何人只要受过一点基础教育，通过阅读书本都能掌握这种方法——只要数清雄蕊数量即可。为了让学生对此有更为直观的认识，林奈常带领学生深入乌普萨拉城的各处，找寻各种有代表性的植株加以说明。

林奈常常带领一批300多人的队伍，在田地和森林里收集植物标本，回到镇上后，就会有一支乐队在他们身后演奏音乐。学校校长发现每次林奈的学生出外考察，其他学生就会左顾右盼无心上课，终于忍无可忍下令停止这样的远足活动，“我们瑞典人处事严谨、思维缓慢，我们不可能像某些人那样，对严肃的实际问题抱以愉快玩笑的态度”。然而林奈对此不予理会，一如既往。

←1736年，林奈提出的植物生殖系统在《自然主义者》上刊出，绘画者为埃赫雷特。

瑞典的花园

在乌普萨拉镇定居后，林奈开始创建自己的植物王国，并按照他的分类法陈列来自世界各地的各类植物。他相信植物物种最初都存在于上帝的伊甸园中的，后来才散落到世界各地。作为一名笃信基督的教徒，林奈的心愿是收集世上所有的植物，并把它们重新集中起来。

林奈还认为，瑞典四季如春的气候适合任何来自于各地的经济作物的栽种。令人不解的是，这么一位富有经验的植物学家居然会认为热带植物可以在凉爽的瑞典生长。一些植株由于受不了微凉的气候而凋谢，林奈则认为是植物本身太过柔弱的缘故。

18世纪40年代，林奈在植物分类学上投注了大量的精力，孜孜不倦地把已知的所有植物种类都一一归类到他的分类表中。1745年，他出版了一部关于瑞典植物的百科全书《斯维奇植物志》，并开始考虑更合理的植物命名法。

双名制的建立

林奈希望能够找到一种简单又精确完善的命名体系，适合业余爱好者实地考察时采用。他想到，如果那些业余植物学者能在考察中记住物种的属名，而回到家后再翻阅文献，便能确定植物的具体种类。这就是他建立双名制命名法的基础。

林奈最初建立的第二个名字相当复杂，但确实能够非常精确地表示植株的种类。接下来他又发现，只需要增加一个简单易记的符号，并在后面附上每个符号的含义便能轻松解决问题。第一步，他先把这个名字称做“种名”。1751年，他整理了大量烦冗的资料，把全世界已知的植物物种按照属名排列后，一个个对号入座加上相应的种名归类。正如他自己说的，这份工作“像是把铃舌放入风铃里面一样”。

林奈敏锐地意识到，必须在其他人给植物冠以冗杂的名字之前制定一个通用的命名法。于是他决定为每一种植物以双名制命名，这样人们一看到某种生物的两个拉丁词，就可以判断这种生物的类别归属。经过夜以继日的辛劳，他在一年中奇迹般地成功命名了5900种植物物种，并全部收录在他1753年出版的《植物种志》中。

在完成命名植物王国的全部工作后，林奈转而开始研究动物王国。在早期出版的《自然系统》（1735）中，他在分类目录中将四足纲（四足动物）放在首位。然而，后来他发现世上存在比四足类更高级的物种，即通过乳房哺乳幼兽的生物，因此他又以哺乳纲取代了四足纲。在哺乳纲中，排第一位的是灵长目动物，其中包括了人类，林奈把人命名为“Homo sapiens”（有意识的人）。1758年，林奈出版了自己的第10本著作《自然系统》，论述了按双名制命名的动物种类。

当时，林奈的学生已经遍布天下，他们跋山涉水、远渡重洋，为他带回来丰富的物种，而林奈则安坐家中，就像一个盼望游子归来的父亲般翘首企盼。1755年，西班牙国王邀请林奈入住本国宫殿，并允诺给他一笔可观的薪水，被林奈婉言拒绝。1761年，瑞典国王授予他代表皇家荣誉的贵族爵位，林奈也因此改名为Carl von Linne。3年后，林奈由于中风病倒，于1778年1月10日溘然而逝，享年71岁。

林奈的“传教士”

从1740年到1760年，林奈的许多得意门生走遍了世界各地，为老师收集各种奇花异草。这些被林奈称做“传教士”的学生个个风华正茂，对植物学研究充满激情。“真正的发现……就像彗星撞击行星那样，令人激动无比。”林奈骄傲地说。

在他们考察的道路上险象环生，而其中的5名学生——安迪斯 · 柏林、弗雷德里克 · 赫思维斯特、佩尔 · 福斯卡、佩尔 · 罗弗林、克里斯托弗 · 泰尔斯特再也没有回来。林奈常因此自责不已，然而他的学生们却甘愿涉险，从而极大地丰富了林奈的物种收藏室。

佩尔 · 卡姆从北美为林奈带回了90个物种。彼得 · 奥斯博格来到中国，收集了600个物种。卡尔 · 桑伯格在日本命名了3000多个物种，其中的1000种是新物种。索兰达在库克船长的带领下，参加了一次环球航海考察的冒险之旅，沿途命名了1200多种新物种，并在原有的基础上添加了100个新属名，命名的动物种类也数以百计。

在林奈逝世以前，航海出游时随船携带一名植物学家已经成为惯例。后来，达尔文就是跟随著名的贝格尔舰出海航行，从而带回来许多的新物种，也带来了关于物种起源的新理论。

安托万洛朗·拉瓦锡

1743—1794年

安托万洛朗·拉瓦锡（1743—1794年）被誉为“近代化学之父”，他建立的第一张元素一览表阐明了质量守恒定律。他还揭示了物质燃烧的本质，并指明了氧气在燃烧中的作用。

由于牛顿和伽利略等科学家的涌现，到了18世纪，科学工作者对物体运动的机理和状态已经有了大概的了解。然而，在物质的组成成分和合成途径方面，人们还缺乏基本的认知。这方面的研究仍局限于当时炼金术士研究的“点金石”，他们相信这种物质可以使贱金属转变为黄金。有关化学元素的认知尚处于萌芽阶段，大部分科学家依然相信古希腊人亚里士多德提出的气、水、土、火四元素说。

18世纪初，炼金术士在某种程度上仍是研究物质领域的前驱。例如德国的术士乔治·施泰尔曾提出过一套解释物质燃烧理论的“燃素说”，并成为此后50年科学界争论最热烈的话题之一。施泰尔认为任何可燃物质都含有某种特殊的“活性”物质，而这种物质就是所谓的燃素，当物质在加热时空气便将其中的燃素吸取出来，从而发生燃烧现象。

这场关于自然物质属性的争论旷日持久。与此同时，化学家们则寻找到一种更加实际的探索途径，即实验、观察和证明三步骤法。英国工业革命在一定程度上推动了化学学科的发展，约瑟夫·普里斯特利等杰出化学实验者相继出现。不过若要论化学研究中最伟大的开拓者，则非法国人拉瓦锡莫属。

拉瓦锡在研究中曾借鉴了不少英国化学家的功绩，尤其是普里斯特利的研究成果。事实上，某些理论的归属问题至今仍存在争论。但毋庸置疑的是，拉瓦锡的工作大大推动了化学的发展。例如，拉瓦锡提出，任何物质都以3种状态（或三相）存在，即固态、液态和气态。关于气态物质，他明确地指出空气是具有质量的物质，同时还认为它很可能是多种气体的混合物。关于这一点，他最终通过实践得出结论：空气主要由两种气体成分组成，一种是氧气，另一种是氮气（在当时称做氨气）。拉瓦锡还与其他科学家一起，通过实验证明水是两种气体（氢气和氧气）的化合物。此外，他还否定了燃素说，并建立起近代燃烧理论。

拉瓦锡是一位细心谨慎的实验者，他推崇的是实验的精确性，并由此建立了质量守恒定律：在实验中无论物质发生什么变化，其质量都不会有任何的增减。该重要定律的提出，不仅促使他发现了燃烧的基本性质（参阅第93页），而且对整个化学研究而言，奠定了所有物质实验的理论基础。拉瓦锡还在他的杰作《化学概要》中，首次明确地指出化合物是由多种元素构成的。他在书中这样写道："我们必须坚信实验事实。这一切都是物质本身的性质，无法捏造。无论如何，我们都应该根据实验现象来确立自己的观点……"

年轻的律师

安托万洛朗 · 拉瓦锡出生于1743年8月26日，是家中长子，父亲名叫吉恩 · 安托万 · 拉瓦锡。拉瓦锡3岁时，母亲艾米莉 · 普克特斯就因病撒手人寰，他是由受人敬重的克莱曼斯 · 普克特斯阿姨一手拉扯大的。普克特斯家族非常富有，拉瓦锡的成长历程可以说是无忧无虑。长大后，他被送到了人才辈出的巴黎马萨琳学院，主修科学和法律两门课程。良好的法律素养无疑增强了他的表达能力，他的观点表述得往往流畅而清晰；另一方面，这也使他在科学工作中具有致力于寻找证据的思维倾向。在校求学的闲暇时间，拉瓦锡还常常去旁听化学课。

1763年，拉瓦锡毕业后成为一名律师。出于研究兴趣，他和好友吉恩 · 埃迪恩 · 盖塔（地质学家）一起跋山涉水，走遍法国各地为各种矿物分类。1765年，他利用自己刚掌握的化学和矿物学知识，撰写了一份论述石膏性质的报告，递交给法国的巴黎科学院后立即在巴黎产生了轰动。拉瓦锡一生对公共事业具有浓厚的兴趣，由于他出色地完成了巴黎街道照明的设计而获得巴黎科学院的嘉奖。第二年，年仅23岁的他便被科学院破格授予“名誉院士”的称号。

大概在这个时期，拉瓦锡继承了母亲的大笔遗产，他斥巨资入股了农垦总局的公司。这家公司须付钱给政府，同时也被允许征收税款。这是一笔颇为可观的收入，拉瓦锡因此一生都过着衣食无忧的生活。由于征税的农场主常遭到人民的愤恨，这为他日后罹受的横祸埋下了隐患。

加入农垦公司还为拉瓦锡带来了美满的姻缘，不久他就与另一位农场主年仅13岁的漂亮女儿玛丽·圣安妮·皮埃尔·鲍尔兹喜结连理。虽然成婚时拉瓦锡已年近30，两人年龄差距较大，但事实证明两人的结合堪称天造地设的良缘。对于拉瓦锡而言，玛丽的意义远超过一名得力的科研助手：她在实验室里协助他工作，并师从著名画家雅克·路易斯·大卫，为拉瓦锡的科研结果绘制一张张栩栩如生的草图。此外，她为了帮助丈夫翻译论文还自学英语。

■ 拉瓦锡在实验室

拉瓦锡拥有的丰厚财富令他得以置办当时设备最齐全的化学实验室，在那里，他设计和实践了一系列重要的实验。

> “我们必须坚信实验事实。这一切都是物质本身的性质，无法捏造。无论如何，我们都应该根据实验现象来确定自己的观点……”

首先，他将燃素说用实验加以验证。他在对硫黄、白磷等化学物质进行燃烧实验后，发现这些物质燃烧后质量并未减轻反而加重，便提出了新的燃烧理论：物质在燃烧时并没有释放燃素，而是从空气中吸收它。虽然尚未揭示出全部的真理，但他已经迈出了极其关键的一步，接着，他决定以英国科学家的学说为基础找到空气中的这种物质。正如拉瓦锡自己所言，他的研究观念是：“将我们掌握的空气知识（如空气与燃烧性质的关联，以及空气怎样从物质中释放等认知）与其他已有的知识联系起来，形成一种新的理论。”通过实践，他成功地建立了现代广为接受的燃烧学说。

空气和水

1774年，英国化学家约瑟夫·普里斯特利收集加热氧化汞时产生的气体，并对这种气体的性质加以研究。结果，他惊奇地发现蜡烛在这种气体中燃烧得更旺。次年，他到巴黎造访拉瓦锡，并向他叙述了这个现象。出于惊喜，拉瓦锡立即对这种气体和空气进行了一系列实验。

拉瓦锡的研究成果如下：他发现空气由两种气体组成，一种是普里斯特利发现的气体，这种气体能促进燃烧，他称之为氧气；另一种则是现在所知的氮气，在当时被他称为氨气。“氧气”一词在希腊文中的原意为“酸素”，原因是拉瓦锡错误地认为所有的酸都含有这种新气体。

更难能可贵的是，拉瓦锡进一步发现，燃烧作用和呼吸作用的共同点在于都有氧气参与。我们进行呼吸作用时，肺从空气中吸收氧气并释放二氧化碳。他还指出，氧气和金属反应后便形成氧化物，这个过程就叫做氧化作用。铁生锈、有机物腐烂、木材燃烧等都属于氧化反应。

面对已有的巨大成就，拉瓦锡并没有止步不前，他转而开始对水进行研究。普里斯特利和其他英国化学家们（包括亨利·卡文迪什等）此时也注意到，在自然条件下，闪电可以使氧气和氢气快速结合形成露珠。拉瓦

↓拉瓦锡实验室的纪实彩色画页，由拉瓦锡的妻子兼得力助手玛丽手绘。

锡则敏锐地进一步将露珠成因发展为水的成因，并得出氢气和氧气可以化合形成水的结论。

燃素和燃烧

在18世纪，关于燃素学说的争论可以说是科学界最激烈的斗争了。事实上，这是聚焦于新旧学派之间的争端——由炼金术发展而来的燃素旧学说，以及由新兴的化学学科主张的元素学说。

炼金术士依然坚持古希腊人提出的四元素说，认为天地总共由四种元素构成：气、水、火和土。而化学家们则倾向于罗伯特·波义耳的观点，即任何物质都由许多基本物质（也称“元素”）构成，一切物质都是元素微粒的集合体。假设波义耳的学说是正确的——元素只能混合在一起却不能转化——那么四元素说显然是错误的。

炼金术士和化学家之间的辩论愈演愈烈，全部焦点逐渐集中到对燃素说的争论上。燃素说的基本观点是：任何可燃物都含有一种特殊的“活性”物质，被称为“燃素”。当物质在加热时，空气便将其中的燃素吸取出来，从而产生燃烧现象。由此可以得到推论：任何物质在燃烧时，重量一定会减轻，这是因为它失去了燃素之故。起先，这个理论的解释看起来天衣无缝，被奉为经典的科学学说，然而不久之后它便受到了质疑。拉瓦锡认为要验证其正误，只要在燃烧前后分别称量物质重量即可见分晓。在一个著名的经典实验中，他在一个密封容器内燃烧了一小片金属锡，实验后发现经充分燃烧的锡金属加重了，而容器内部的空气质量则随之减轻了。在整个过程中，容器内部的物质仅仅是转移了位置而已，所以并没有发生任何的质量损失。这个实验不但相当明确地否定了燃素说，而且还证明必定有某种物质在燃烧时进入锡中。经过进一步的研究，拉瓦锡为这种物质命名为氧气。

在以下三个方面，拉瓦锡的实验方法堪称是化学史上的重要转折点：第一，它使精确定量测定的方法成为化学研究的主要方法；第二，它彻底颠覆了燃素说，并阐明燃烧过程中有氧气参与；第三，它说明无论是什么化学反应，参与其中的物质都不会改变或消失，它们仅仅是交换了位置而已。

拉瓦锡很清楚自己的学说对整个科学界而言意味着什么，于是他决定向众人展示自己建立的科学新领域——实验化学。1787年，拉瓦锡出版了一本化学小册子，介绍如何根据性质为化学物质命名的原则，并建立了化学元素一览表，这本册子一直沿用至今。1789年，他又编写了巨著《化学概要》。

■ 社会应用和法国大革命

拉瓦锡不但在实验室工作中表现出色，而且还十分热心于研究成果的实际应用。从18世纪70年代到80年代，拉瓦锡撰写了许多与实际生活密切相关的论文，并将它们按类别分为200多个系列，内容涵盖生活的各个方面，如怎样辨别食品假货、怎样为布料染色、怎样在船上贮藏淡水、怎样制造出品质更佳的玻璃、怎样改善监狱的条件、运河中的水是否能够饮用等。所有这些，都是他在经过实验后反复思考得到的成果，对社会环境的改进起到了非常重要的作用。

不幸的是，当法国大革命来临时，即使巨大的科学贡献也没能够挽救他的生命。1793年，吉恩 · 保罗 · 马拉特上台掌权，胜利后的掌权者认为该是算旧账的时候了，尤其是那些在旧制度的保障下搜刮民脂民膏的征税农场主，此时更是成为众矢之的。拉瓦锡被拉出来接受严厉审讯并最终被判有罪，当他的朋友们以他在科学上的伟大贡献为由向法官求情、千方百计设法为他脱罪时，冷酷无情的法官却回答他们，“共和国不需要科学家”。1794年5月8日，拉瓦锡被推上了绞刑架。著名的意大利数学家约瑟夫 · 路易斯 · 拉格朗目睹了处决过程，事后他痛心地慨叹，“他们可以在一瞬间割下他的头，但那样的脑袋或许100年也长不出一个来”。

约翰·道尔顿

约翰·道尔顿（1766—1844年）是一位谦虚和蔼而又伟大的化学家，被誉为“当代化学之父”。他建立了当代原子和元素理论，为后世许多辉煌的科学成就铺平了道路。

1766—1844年

18世纪的科学家对原子并不陌生。事实上，这个概念早已存在了2000多年。例如，古希腊伟大的思想家亚里士多德（公元前384—前322年）曾指出万物都可以逐级分割成比它们更小的物质。其他的古希腊哲学家却有不同的想法，特别是德谟克利特，他认为物质是由小微粒构成，而且微粒之间仍然存在间隙，这一点和现代科学家的看法几乎一致。德谟克利特认为构成物质的微粒是最小的物质，于是将它们称做是“原子”，该词在希腊语中是不可分割的意思。

然而人们却很难想象这样的微粒构成空气或水的过程。原子理论的提出也并没有影响人们对亚里士多德的崇拜，亚里士多德的学说似乎在当时更具说服力。此外，亚里士多德提出世界由土、水、气、火构成的四元素论，在当时被世人奉为真理。在现代，科学家们认为物质以固态、液态、气态和等离子态4种状态存在，这与四元素论有着异曲同工之妙。

到了17世纪，科学家才逐渐开始对亚里士多德的观点产生怀疑。爱尔兰科学家罗伯特·波义耳（1627—1691年）指出，除了4类基本元素外，世上还存在其他组分，这些基本的纯元素相互化合，便形成了化合物。他还指出任何“化学”元素都具有各自独特的性质，而且都能以固态、液态、气态三态形式独立存在。波义耳认为原子不一定是最小的微粒，还有可能再对它们作进一步的分割。

在人们开始应用实验对已有理论进行证明后，科学家们发现空气和水都是由多种物质组成的，这样一来，亚里士多德的理论就被彻底推翻了。首先，约瑟夫·普里斯特利（1733—1804年）和安托万洛朗·拉瓦锡（1743—1794年）等化学家发现空气是由氧气和氮气等多种气体组成的混合物；紧接着，拉瓦锡又发现了水是氧气和氢气的化合物。他甚至还制作了一批基本化学元素周期表，其中包含最新发现的水和空气的组成物质。此时距德谟克利特生活的年代已有2000多年，原子理论终于又重新被世人所接受，并得到了足够的重视。

尽管如此，依然无人知道元素究竟是什么，也没人试图找出元素和原子之间的关联。人们只能假设，如果物质（包括空气）是由原子构成的，那么这些原子应该是完全一样的微粒。约翰·道尔顿凭着过人的智慧，通过实验和论证终于得出了空气中各类气体的原子组成各不相同的结论。接着，他又进一步将以前所有原子理论方面的研究加以汇总，为现代科学的发展打下了坚实的基础。道尔顿还指出，同一种元素的所有原子都相同，而与所有其他元素的原子又截然不同。他还阐明了化合物的合成机理是两种不同元素的原子结合的过程。虽说前人早已初步建立了原子理论，但道尔顿对该理论的最终建立和完善功不可没。

在湖边的童年

约翰·道尔顿于1766年9月5日出生在英国湖区沿岸的坎伯雷城镇中的一个贵格商会会员的家庭。他幼年时聪敏好学，十几岁时才智已不亚于当时任何一位杰出学者，被称为天才少年。12岁时，道尔顿便可胜任当地小学教师的工作。当时负责教他科学的是一名贵格会教徒——亲戚伊莱休·鲁宾逊。

1781年，年仅15岁的道尔顿来到湖区的另一端，在一家寄宿学校任教。在这里，他结识了赫赫有名的盲人科学家约翰·高夫。在这位大科学家的启蒙下，他得以迈入研究数学和自然科学的殿堂。著名诗人威廉·华兹华斯曾在诗歌《远足》中这样形容约翰·高夫：“我想我是看到他了，他的双眼在浓厚的眉毛下炯炯有神。”由于湖区天气变化多端，在高夫的鼓励下，道尔顿开始进行气象监测。

↑ 约翰·道尔顿收集沼泽地中的气体。对气体进行的大量观察和研究，在道尔顿心中播下了建立原子理论的种子。

气象观测员

在接下来的15年中，道尔顿坚持每天记录天气情况，记录总数达200 000多篇。他在气象学方面的兴趣极为浓厚，而且终其一生不曾减退，他的成果在气象学史上也堪称里程碑式的突破。有些人甚至提出，他不仅是“化学之父”，还应该是“气象学之父”。

道尔顿对其他科学家的观点总是保持着怀疑的态度，并坚称唯有亲自证实才会接受这些思想。“之前由于太过轻信，才导致我在学术上走了不少弯路，”他写道，“于是我决定，宁可发表很少的言论，但句句都必须建立在自己实践的基础之上。”他并不是一个观察特别细致的研究者，也称不上是一名杰出的实验科学家，然而，宝贵的怀疑精神和独到的洞察能力为道尔顿带来了巨大的成就。

几年里，道尔顿陆续完成了《关于气压计》、《关于温度计》、《关于湿度计》、《论降雨》、《论云的形成》、《论蒸发》、《论水蒸气的运动》等多篇气象论文。他是首位认识到降雨实质的气象学家，不但否定了压强变化导致大气中的水蒸气变成雨滴的说法，而且还指出降雨是温度降低时空气负载水蒸气的能力下降所致。1788年，道尔顿目睹到壮观的北极光现象，并颇具先见之明地指出它的成因是地球的磁场作用。在当时，乔治·哈德里（气象学家和物理学家）已经提出空气在赤道与两极回流的理论，道尔顿在对此全然不知的情况下仍然正确地推导出信风的成因，指出这是地域的温度变化和地球自转的双重作用所造成的现象。

对色盲的研究

在研究气象之余，道尔顿偶尔发现他和哥哥无法分辨一些常见的颜色，这个情况引起了他的兴趣。他成为历史上首位采用科学方法研究色盲病症的人，直到现在人们还将先天性红绿色盲称做“道尔顿症”。他仔细整理了色盲病症的研究资料，并于1791年发表了生平第一篇论文，题为“观察研究视觉色差的离奇真相”，同年他被选为曼彻斯特文学哲学学会的会员。

道尔顿怀疑，问题在于自己眼睛内的血液是蓝色的，于是要求在死后捐献眼球供确定色盲真相。但他死后的验尸报告表明其血液颜色完全正常。到了20世纪90年代，科学家应用生物技术重新对皇家学院保存了150年的眼球进行了DNA测试，结果表明，该眼球中缺乏一种对绿色敏感的色素成分。

发表原子论

道尔顿在曼彻斯特学会的刊物上陆续发表了多篇论文，并于1817年当选为学会会长。此后,他辞去了原先的全职教师工作，开始在学会创办的中学里为会员子女做家教，以此资助自己的科学研究。道尔顿的大多数最有价值的论文都著于19世纪早期。

闲暇时间里，道尔顿继续在科学王国中寻觅真理，他发展了原子理论，指出当时发现的氢、氧、氮等所有元素都是由原子构成的，并认为原子是“固态的、坚固的、不可渗透的、可运动的微粒”。

长久以来化学家们都在思索同一问题:什么是元素？它们如何组合？道尔顿对原子的阐释就像一把打开通往真理大门的钥匙。人们很快接受了这个观点，大量的研究也集中到原子课题上。

道尔顿的原子学说

在道尔顿的早期论文中，他关注的是空气压强与空气饱和水蒸气浓度的关系。与当时的解释截然不同，他认为空气是由多种气体组成的混合物，而不是像水一样的化合物。在实验中，道尔顿观察到纯氧气负载的水蒸气量不如纯氮气，他凭着直觉，天才般地提出这是由于氧原子比氮原子个头更大、质量更重造成的。“为什么不同气体对水蒸气的负载量不同呢？”他思索着，“这个问题反复在我脑海里盘旋，虽然现在证据还不够充足，但我几乎已经可以确定主要是各种气体中基本微粒的质量和数量的不同在起着决定性的作用。”

在一篇于1803年10月21日发表在曼彻斯特学会会刊的论文中，道尔顿在原子理论方面又有了突破性的进展：“据我所知，研究基本微粒的相对质量是一个新课题。最近我一直在钻研这个问题并获得了一些成绩。”接着，道尔顿阐述了获得不同元素气体的基本粒子质量的过程，也就是计算原子量的方法。他还表示，每种元素的原子在结合成化合物时往往遵循极简单的比例关系，因此可以在已知化合物中元素质量的条件下计算得到未知原子的质量，这种方法被后世称为“定比定律”。

道尔顿还认为氢气是最轻的气体，于是就把氢的原子质量定义为1。由于氧气和氢气可以化合形成水，他便计算出氧的原子质量是7。但道尔顿在这个过程中忽略了一个问题，那就是相同元素的原子可以互相结合。他错误地假设复合原子，即分子，仅仅只有一种元素的一个原子。半个多世纪后，意大利科学家阿梅德奥·阿弗加德罗纠正了这一错误，并提出利用分子比例计算原子质量的正确方法。然而，无论如何我们都不能否认道尔顿原子学说重要的历史意义和科学意义。他提出的“每种元素的原子大小都是唯一”的理论在当时备受推崇和赞扬。

然而，当时的部分科学家却认为道尔顿的科学观点站不住脚，并极力贬低道尔顿的伟大功绩，指出他的原子论是基于前人的基础才提出的。不管怎么说，正是道尔顿对已有的理论加以归纳和整理，才建立了这门主流学科，原子论对科学的巨大贡献也是不容置疑的。正如道尔顿传记的作者弗兰克·葛林纳威所说，自从道尔顿提出了原子论，“我们发现新的物质，获得新的能源，从而克服了一个又一个疾病，并开始探索生命的机理”。

脱离尘世的英雄

道尔顿在任教师期间备受学生和家长们的爱戴。发表原子论之后，他在科学界的名望与日俱增。然而道尔顿却终身未婚，一直过着独居的生活，即使在成名后仍然保持深居简出的隐居生活，并把毕生所有的时间都奉献给了他的学生和科学工作。纵观道尔顿的一生，他始终过着俭朴的生活，他最爱穿的行头就是朴素的贵格会会员服装。

1810年，法国皇家学会注意到这位“隐士”卓越的科学贡献，便力邀他加入。由于入会需要一大笔费用，出于囊中羞涩的窘迫，道尔顿不得不婉拒了这个邀请。然而学会又在1822年选举他为会员，并付给他选举费。就这样，道尔顿成了法国皇家学会的第一位外国国籍会员。

道尔顿的后半生依然平静朴实。他的个性独立固执，对科学研究的态度也越来越闭塞保守。在他发表原子论之后，他拒绝接受任何相对进步的科学理论，也不接受对他的原子学说所作的任何更正，但这丝毫不妨碍人们对他日益高涨的崇敬之情。当他于78岁中风逝世时，成百上千的颂词涌向曼彻斯特学会，而曼彻斯特城的人们也自发为他举行了与国葬规模相当的盛大葬礼，出席的哀悼者多达40000人。

迈克尔·法拉第

迈克尔·法拉第（1791—1867年）堪称有史以来最杰出的实验大师，同时也是一位富有想象力的物理理论家。他突破性地提出了自然界的力场是相互连接的观点。法拉第发明的电动机和发电机为未来掀起的电子革命铺平了道路。

1791—1867年

迈克尔·法拉第生活的那个年代，对于电的研究是当时社会上流行的新兴话题。科学家们尝试旋转滑轮装置使玻璃和硫黄之间发生摩擦，产生静电，杂技演员也在舞台上进行类似的表演以博得观众的喝彩声。意大利的解剖学家路易吉·伽伐尼（1737—1798年）利用电击使已死的青蛙双腿发生抽搐，于是他认为自己发现了某种强有力的生命力量——“生物电”，能够令肌肉和骨头复生。随后，科学家们便不断地尝试通过电击令死人复活，玛丽·雪莱的著作《科学怪人》对这些怪现象均做了如实记录。

把电当做生命的力量，为公众带来了无穷的幻想空间，但也令一群不切实际的科学家异想天开，甚至做了一些匪夷所思的事情。例如，安德鲁·尤尔曾于1818年做过一件骇人听闻的事情．他搬来英国格拉斯哥死刑犯马修·克莱兹代尔的尸首．通过电击使尸体像木偶一样颤抖跳动；另一位震惊科学界的是安德鲁·拉克罗斯，他曾在1836年宣称用电创造了一种名为蠕虫的昆虫。在这批空想家大肆制造这场关于电的闹剧的同时，实验科学家们却在潜心摸索电的真实面目，终于大大加快了人类对电的认识。

18世纪90年代末，亚历山德罗·沃塔发现在化学反应中可以产生电，并于1800年制造了世界上第一个电池。随着沃塔式电池（当时也称其为“槽”）的问世，电成为了可以随时应用的能源。很多科学家发现，电可以在闭合回路中流动。安德鲁·安培在大量实验基础上总结了电流元之间的作用规律——安培定律，而乔治·欧姆发现电阻并创立了欧姆定律。

1820年，丹麦科学家汉斯·奥斯特注意到，电流能使指南针的指针发生旋转。这是人类首次发现电与磁两者之间的相关性，很快成为物理学家广为关注的焦点问题。19世纪20年代至30年代，不少物理学家都致力于解开电磁关系之谜，法拉第便是其中之一。

法拉第的实验态度极为谨慎细致，思维方式也颇具创造性，再加上他敏锐的理论领悟力，这些把他推到了所有重大成就的最尖端。他在听取了奥斯特的演讲报告后，很快就搭建起一个天才式的实验模型，揭示了电与磁之间的关系：磁铁在电线附近发生转动，电线在磁铁周围也会转动。不久他便发现了电动机的工作原理。

10年后，法拉第的理论有了更大的突破，他发现磁场的变化能创造（或者“诱导”）电流。几乎是同一时间，美国的物理学家约瑟夫·亨利也发现了电磁感应定律，这意味着人类可以制造发电机得到大量的电，这为后来电灯和无线电设备的诞生奠定了坚实的理论基础。

然而，法拉第最辉煌的成就还不只这些。他还发现了电解的机理，即化学物质在电的作用下发生分离现象的原理。更引人注目的是，他将所有物理力之间的基本单位统一化，这些力包括电、磁、光以及重力等。他还提出“场”的概念，这一重大发现为现代物理学和现代技术奠定了基础，电视机和移动电话的问世正是基于此原理才得以实现的。

■ 贫穷的孩子

法拉第出生的时代，科学研究的权利大都掌握在富人们手中。究其原因，不仅因为建造实验室需要大量资金，而且要进入科学界必须通过界内人士介绍，这一切都需要借助于富人的财富和社交圈。法拉第出生在一个贫寒的铁匠家庭，他的故事已经成为一个穷人自学成长的传奇。英国前首相玛格丽特·撒切尔尊称法拉第是自力更生的典范，对他脚踏实地的创业精神非常赞赏。

法拉第从小生活在伦敦附近的一个穷困地区，距离大象堡地区很近。由于父亲身体伤残，几乎无法维持一家人的基本生活，法拉第的童年生活非常清贫，甚至连续几周才能吃一次面包。尽管如此，他还是很庆幸自己能到乔治·雷伯在布兰福德街上的装订店里当学徒，当时法拉第年仅13岁。

好学的法拉第在店里不甘于仅是跑跑腿，他学会了如何装订书本，还如饥似渴地阅读店里的书籍，尤其是那些有关科学主题的内容令他受益匪浅。他回忆道："在早年，我是个特别容易沉湎于幻想的人，我像相信《百科全书》一样地轻信《一千零一夜》中的神话，但科学作品里面蕴涵的真理挽救了我。从此我便开始信奉真理。"法拉第迷上了科学，善良的雇主也被他对科学的热情打动，允许他在装订店附近搭建自己的临时实验室。

物理学家的学徒

机会终于降临到这个勤奋贫苦的孩子身上。当时的皇家学会是个人才云集的科学团体，店里的常客威廉·丹尼斯就是学会会员。在听闻法拉第对科学孜孜不倦的事迹后，丹尼斯便赠给法拉第一张著名科学家汉弗莱·戴维科学演讲报告会的门票。这对穷苦的法拉第而言简直是无上的荣耀，他毕恭毕敬地伸出双手接过了珍贵的门票。在演讲会上，法拉第完全被精彩的演说迷住了，他怀着激动的心情飞快记录下戴维教授的每一句话。会后他认真地把戴维教授的讲演记录整理好，配上精致的插图并精心装订成册，一起送到皇家学会戴维教授的手中。

法拉第刻苦的求学精神和严谨的治学态度让戴维深受感动，他后来到皇家学会开始担任戴维的科研助手，时年21岁。第二年，戴维到欧洲各地观光旅游，法拉第也一同前往，并通过导师结识了许多当时世界上顶尖的科学家，如安培、沃塔、盖·吕萨克等人。通过与这些科学界巨匠的对话，法拉第的科学素养获得了极大的提高，最终有所成就。短短几年内，法拉第不仅协助戴维完成了实验工作，而且在自己的实验课题上也有所突破。

1820年，奥斯特发现电磁之间存在着某种联系，引起了科学界的广泛关注。次年，皇家学会要求法拉第撰写一篇近期电磁学方面的研究综述。法拉第基于自己对电学的理解，谨慎仔细地整理资料撰写报告，同时还开展了相应的实验，其中包括第一个电动机原理的演示实验。据说，戴维教授对此大为恼火，原因是他也做过类似的尝试，却不幸失败了，而弟子法拉第却没把实验成功的荣誉归功到自己名下。一些史学家还认为，由于戴维一直对此事耿耿于怀，因此在法拉第进入皇家学会前的票选决议中，他投了反对票——尽管戴维本人或许是把自己这种公然的表态仅仅看做避免偏袒之嫌的行为（而不是报复）。

演讲者法拉第

法拉第非常清醒地认识到，如何把自己的发现公布于众是极其重要的，于是他请来了有名的演讲老师本杰明·斯玛特，虚心向他请教在公众面前如何表达自己的观点。1826年，法拉第开始在公共场合做一系列的演讲，他把这叫做“星期五夜晚讨论会”。在每次演讲之前，法拉第都会非常慎重地准备实验资料，寻找最好的表达方法。他的研究成果很快传遍各处，在一些公共场所，人们更是以谈论法拉第的话题为时尚。其中最著名的表演场景是他站在一个铁笼内，而笼外则发射出耀眼的电光。法拉第完全能肯定铁笼形状可以保护他免受电击的伤害（静电屏蔽原理），但对台下的观众而言，这无疑是一次惊心动魄的体验。

更著名的是他为孩子们作的“圣诞节演说”，这已成了现在皇家学会的传统节目之一。其中最著名的圣诞演说系列是“一支蜡烛的化学史”，他将自己比作一支蜡烛，为孩子们讲述大量的科学观点，内容从化学元素到人类呼吸的作用，包罗万象。“再没有比这更好的了，”他说道，“以考虑一支蜡烛的物理现象为起点——没有比这更容易迈入自然哲学大门的途径了。”

1830年，法拉第已经在皇家学会完全安顿下来。他的实验室在地下室，演讲会在一楼和二楼进行，而他和深爱的娇妻萨拉则住在顶楼的小屋。

↑ 博物馆工作人员在演示“法拉第笼”的功能。这个笼子可以保证电子无法进入里面，在实践中可应用于保护电子设备免遭闪电的电击。

达到事业巅峰

法拉第在年近50岁时，身体逐渐开始出现衰弱的征兆，他的头痛病常常发作，还常常遗忘一些事情。不过他的体质依然很好，能够在10小时内翻越阿尔卑斯山走完73千米的山路。但是，由于用脑过度，他的大脑越来越需要休息和调整。尽管如此，这仍是他一生收获科学成就最多的黄金时期。

在电与磁的统一性被证实之后，法拉第决心寻找光与电磁现象的联系。1845年，他开始研究电磁对透明材料的光极化效应。在试用各种材料后，他发现原本没有旋光性的重玻璃在强磁场作用下会产生旋光性，并使偏振光的偏振面发生偏转。这是人类第一次明确地认识到电磁现象与光现象间的关系。后世的科学家以此为基础，陆续发现了完整的电磁波谱，包括电视电磁波、微波、X射线、伽马射线等光波的具体波谱。

“以考虑一支蜡烛的物理现象为起点——没有比这更容易迈入自然哲学大门的途径了。”

也是在这个时期，法拉第开始发展力场的概念。“场”这个字眼最早是威廉·汤姆逊（格拉斯哥数学家）提出来的，随后詹姆斯·克拉克·麦克斯韦（物理学家和数学家）对该理论作了一定的发展，并建立起电磁场理论。从法拉第的角度来看，麦克斯韦或许是世界上唯一理解自己观点的人。无论如何，在麦克斯韦之前半个世纪，是法拉第创立了场的思想，而且在当时已经发展得十分丰富且相当全面。

最后的岁月

19世纪40年代，法拉第的生活越来越与周围的人格格不入，一部分原因在于他的宗教信仰。他加入了基督教的一个教派——三德漫教（认为理智上对加文主义教义的认可便能拯救一个人），并由此成了一名虔诚的教徒。教会的条例极其严苛，有一次英国女皇请法拉第吃饭，他忘记告诉教会的兄弟姐妹而被误会是故意缺席周日的礼拜，竟因此被剥夺了长老的身份。有意思的是，教义规定他不能接受包括骑士封号在内的任何荣誉，人们便拿这个无法被接受的封号取笑他。

随着年岁的增长，法拉第的病患也日益严重，即使在平静的生活中，这仍令他痛苦不已。他越来越依赖自己的妻子萨拉，并昵称她是自己“思想的枕头”。病魔折磨着他的思维，他在书写中常常拼错单词，头痛症和失忆症发作的次数也越来越多。1862年，他在给朋友舒贝尔的信中这样写道：“我一次次地撕碎信纸，因为我写的内容根本毫无意义，我甚至无法流利地写完一行不出错的文字。康复的希望极其渺茫，我想我再也不会写什么东西了。”

英国女皇为表彰法拉第的突出贡献，在英国凡尔赛·汉普顿宫为法拉第夫妇安排了优雅舒适的住房。1867年8月25日，一代科学巨匠法拉第安静地走完人生之路，享年76岁，遗体安葬于伦敦的海格特公墓。

自然的力

牛顿提出了重力概念，人们因此意识到自然界存在一种不可见的力，它可以越过空间施力，但除此之外没有更多的相关思考。直到19世纪早期，这种“远距离作用”才引起科学家高度的重视，并掀起了一股研究热潮。1830年，托马斯·杨和奥古斯汀·菲涅耳发现，光的传播并非如牛顿所言以微粒形式传播，而是以波动形式或称振动形式传播的。假定这是对的，那么究竟是什么在振荡呢？为了解释这个现象，科学家虚构出了一个无质量的物理概念——“以太”，用来回答种种疑问。

法拉第则发展了另一套理论。他开始设想一个布满了力的作用线的空间场，而且描绘出一幅清晰的场的图像——类似磁体周围小铁块的排布方式。这说明不存在远距离的作用力，当物体被放到场的作用线上时就会移动，这不是臆想，而是真实存在的物理力。法拉第认为电磁感应现象的原理可以这样解释：移动磁体时，磁体周围的磁场力线也开始移动，从而产生了携带电荷的电流。

如今，场的概念早已渗透到物理学科的方方面面，然而在法拉第生活的那个年代，几乎没有人能理解他的观点，更不用说认同了。人们能够看到磁场的作用，但电磁场的概念却令他们难以接受，数学家们更是以数学依据不充分的理由抨击了法拉第的场理论。1855年，法拉第在书中坚持自己的观点：“没有人理解力场的物理意义，它是看不见的。但是我相信，未来的实验研究将会证实我在多年前提出的观点……我愿意等待，我自信坚持的是真理。”事实证明他是完全正确的。

查尔斯·巴贝奇

查尔斯·巴贝奇（1791—1871年），有时也被称做“暴躁的天才”，卓越的英国数学家。他是机械计算器的创始人和“思考”计算机的先驱者，使计算机时代的来临提前了150年。

1791—1871年

据说在1821年的某晚，年轻的巴贝奇和他的伙伴约翰·赫舍尔对两大本天文数表评头论足，为天文学会的计算作准备，结果在核对时却极其郁闷地发现计算结果错误百出。而引起这么多错误的源头就是人们所用的“计算器”——数表上有极多的差错，巴贝奇目瞪口呆，他恼怒地喊道：“天哪，但愿上帝知道，这些计算错误已经弥漫了整个宇宙！”这件事也许是巴贝奇萌生研制计算机构想的起因。

巴贝奇的不满情绪并非仅仅来自编排数表工作的枯燥和无聊，主要是因为这种方法的错误率太高，给计算带来了极大的不便。然而在当时，类似数表的计算工具在生活中却有着广泛的应用，科研工作、征收税款、工程建设、调查研究、保险业、银行业等各行各业的开展都少不了计算工具。例如，当海船扬帆起航时，航海员就得在船舱里逐行地查找表格中的数据，以确认船只所在的位置。

几千年以来，人们业已开发了一些工具来辅助计算，例如计数棒、算盘等。到了17和18世纪，莱布尼茨、布莱斯·帕斯卡尔等卓越的数学家逐渐开始设计出一些更方便的机械运算工具。这些设备精巧绝伦，但应用范围较小，而且还容易出错。究其原因是数据读取时存在错误，同时由于每一步都需要人工输入数据，难免会出现操作误差。

巴贝奇设想制造一种全自动的计算机，这样就能避免人工误差。他并非第一个提出该观念的人，但他是首先将这个想法付诸实践的科学家。巴贝奇的第一个成果就是“差分机”。所谓“差分”，就是用差分运算取代函数表的复杂算式，用简单的加法代替平方运算，依靠连锁嵌齿的快速运转编制不同函数的数学用表。

10年后，差分机的制造工程因故被迫中止，政府也收回了资助款项。然而巴贝奇并不气馁，他继续投入下一个结构更复杂、难度更大的“分析机”的制造中。

尽管差分机可以完成非常复杂的运算并自动打印出结果，但其实质是一台智能的机械计算机。“分析机”则不同：现代专家仔细研读了巴贝奇的论文后，发现分析机可以被认为是当今所谓的“计算机”，即能够“思考”的机器。它可以对新问题作出及时的反应，并在没有人工控制的情况下，通过自身固有的方式解决难题。巴贝奇在制造分析机的过程中，几乎开发出现代计算机具有的所有机械元素，例如中央处理器（CPU）和各种内存条等。

引人注目的是，巴贝奇提出的观点是极为清晰的实用论断，远远高于当时的技术水平。后来他还设计了第二代差分机，相对之前的结构更为简单，操作也更容易。第二代差分机的设计图纸被保留在伦敦科学博物馆，该馆于1991年根据图纸制造了一台真实比例的大型差分机，并证实其所有功能均运转正常。依此类推，巴贝奇的分析机一旦被制造出来也一样能发挥出巨大的威力。如果真是这样，那么早在查尔斯·狄更斯（1812—1870年）生活的时代，人类就已经拥有计算机了。

■ 年轻的巴贝奇

巴贝奇于1791年的节礼日（圣诞节次日）出生于英国伦敦南部，富裕的家境使他能够去当地最好的私立学校念书。巴贝奇和父亲之间的关系一直不太好，用他自己的话来说，“世上最厉害的武器就是愤怒”。这段经历导致巴贝奇自我保护意识过强、易走极端，并直接导致了他一生的悲剧。

19岁时，巴贝奇被送到剑桥大学深造，他超人的数学天分在那里初露端倪。而他的激烈言论——“上帝是物质的”——冒犯了学校里不少的权威教授，这令他失去了第一名应得的荣誉，并在很长一段时间内都不被授予学位。然而，桀骜不驯的巴贝奇将所有不幸的事情全抛之脑后，不顾父亲的强烈反对，坚持和自己心爱的女人乔治娜·惠塔莫尔在伦敦成婚，并在当地定居下来。

巴贝奇才华横溢、才干出众，在工作中精力充沛。很快他就成为伦敦科学界的领袖人物，并协助创建皇家天文学会和解析学会，提高了解析计算和统计学的研究水平。因此当他在试验小规模差分机的制造后，于1821年向政府申请款项建造实比机器时，有一大批朋友和支持者均愿意为他的信用作保。

■ 天佑差分机

制造第一代差分机的工程是一项极富挑战性的工作。在这之前还从未出现过高于四位数运算的计算机，而巴贝奇的设想却是可以处理高达50位数的数据。这样的机器一经输入，便会自动完成所有的运算。为了造成这个机器，巴贝奇找到伦敦城里最好的机械师约瑟夫·克莱门特，请他协助制造差分机。他们建造了一间防尘的工作室，随即展开了艰难的探索之旅。他们隐秘细致的工作虽然不事张扬，却在无意中带动了周围的技术水平，北部的建造厂和工作车间的机械技术都因此得到大幅度的提升。

差分机中的每一个数字都由一列嵌齿轮代表，而每个嵌齿轮都被标上从0到9的10个数字。只要旋转相应的嵌齿轮就可以输入数据。这个机器模型总共由7组转轮组成，每个分别具有16个数位。差分机总共包含25 000个活动零件，为了使机器能够顺利运转，其中的大部分零件均要求一模一样。其零件之多、精密度之高堪称史无前例，技工们的手艺必须发挥到极致。此外，这项工程如同今日的太空计划一样，还衍生出了许多的科学新产品。例如工作人员约瑟夫·惠特沃思于20年后发明了惠氏螺纹栓，堪称是第一个标准化螺栓系统，从侧面彻底革新了工程学。

分析机

巴贝奇的分析机将现代计算机中的不少主要设备整整提前了100多年。例如，机械计算仪器存在的问题之一是无法连续运算，进行加法运算时，应该把每一列的数位相加再得到正确的答案。最初，巴贝奇决定为每个数位的结果都分别配置一个运算和存储机构，但这么一来机器就变得相当复杂。接着他又想到，可以把加法中的运算和存储结果两个过程分离开来。巴贝奇的分析机由两部分构成：第一部分是对数据进行各种运算的装置，巴贝奇把它命名为“工场”；第二部分是保存数据的齿轮式寄存器，巴贝奇把它称为“堆栈”。数据在“工场”中处理后，又会回到“堆栈”中储存起来。与现代计算机相比我们会发现一些惊人的相似：所谓“工场”就相当于现在的中央处理器，而“堆栈”就是存储器。

巴贝奇的另一项创新是我们现在所说的“程序”。当时杰卡德（法国机械师）设计并制造了自动提花织布机，他把编织图案的信息都“储存”在穿孔卡片的小孔之中，指挥织布机在布面上编织出所需的美丽图案。巴贝奇受这一发明的启发，在1836年时想到，穿孔卡不仅能够控制机器运行还能记录每个步骤的计算结果，很快他就把这个思路付诸实践。与如今的计算机相比，巴贝奇穿孔卡的功能就相当于程序和数据库的作用。

近几年来，科学历史学家仔细研究了巴贝奇的分析机手稿后大为惊奇，他们发现早在多年前，巴贝奇就预测到了现代计算机应用的各个特点和难点。然而在某种程度上，他对计算机的促进作用却被压制了。他的全部成就都被尘封在档案室中，直至计算机问世以后这些闪光的智慧结晶才得以重见天日。人们脑海中对差分机的固有成见——认为它只是个笨重的大白象的观念，致使政府在一个多世纪后才同意赞助计算仪器的制造。

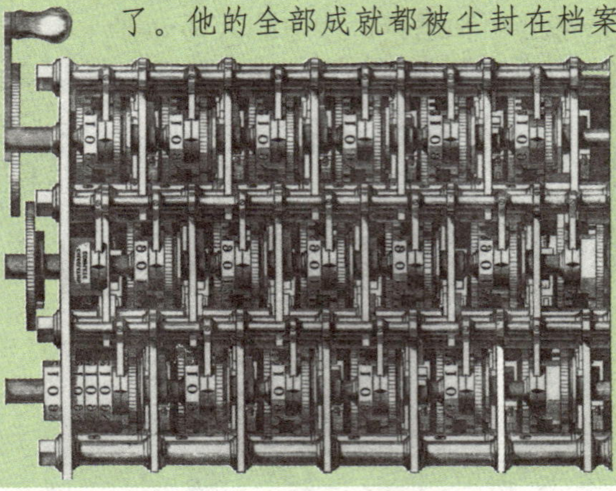

←巴贝奇差分机的一部分（图样）。

缓慢的进度

受限于当时的技术水平，制造差分机的工程进度十分缓慢。经历了约10年的紧张劳作，全部零件只完成了不足一半。1832年，巴贝奇为了对人们有所交代，取了一部分已组装完成的机械，并向人们展示了它的特殊功能。他认为现实世界在运行中还遵循着某种潜规则，这个潜规则在某个时刻会被触发，奇迹便在此刻诞生。这一思想后来成为进化论中的一个重要观点。

工程进行到这个时候，巴贝奇已投入了大量的时间和精力，还有他的6000法郎财产。政府也已经资助了不下17000法郎（相当于当时25台最先进蒸汽机的总价），并开始对这项明显难以完成的工程感到焦虑和厌烦。当巴贝奇和克莱门特因工钱一事发生争执时，政府断然宣布停止对巴贝奇的一切资助。

艰难的日子

1827—1832年这段时间是巴贝奇人生最灰暗的时期。他的父亲于1827年辞世，不久，他的儿子和心爱的妻子乔治娜也相继离他而去。与此同时，由于他对科学团体中拉帮结派的不良行径嗤之以鼻，他对此所做的过激言论被公开发表，招来了不少敌人。还有人诬告他借差分机的工程赚足腰包，这令他大受打击。项目被强行停止后，巴贝奇第一次拥有大量时间用来进行思考，也就是在这个过程中他逐渐意识到自己可以走得更远。于是巴贝奇开始了另一项重大发明分析机的研制。

分析机的设计草图完成后，由于政府依然拒绝对差分机的投资，巴贝奇不得不停止了进一步的研究，转而开始将注意力集中到其他事物上。由于出众的发明天赋和超人的智慧，他常常被邀请担任工程顾问。例如铁路工程师布鲁内尔曾经请教他轨距宽窄的问题。仅仅在铁路方面，巴贝奇就有不少的发明，如在火车出轨时及时解耦车架的装置，一种排障装置，以及用于火车的“黑箱”设备等都是他的杰作。

“数字女巫”

巴贝奇创造分析机的过程是孤立无援的，几乎没有人理解他的发明。幸运的是，1843年他遇到了一位知音——年仅27岁的贵族女子阿达·洛甫雷斯（英国女数学家），她是诗人拜伦的女儿。阿达的数学造诣很高，她在给巴贝奇的信中写道："我学得越多越觉得学海无涯，就越是对学识贪得无厌。"巴贝奇也因此戏称她是"数字女巫"。阿达决定将巴贝奇的思想公之于世，并在出版分析机的意大利语册子里面加上大段的说明文字。

阿达在说明中提到了一个重要的观点，她认为这些发明不仅仅局限于纯数学领域的应用。她和巴贝奇二人已经预见到智能机器的广阔前景。阿达在书中写道，"很多人……认为，由于机器是以数字符号的形式给出结果，因此过程性质也相应地该是算术的和数字的形式……这是完全错误的。机器可以准确地排列和组合数字，同样的，如果把数字换作字母或是其他具体符号，它也一样能做好这些工作"。

差分机终结

10年后，阿达因患癌症于36岁时过早离开了人世，而她原先要为巴贝奇做的一切也就此停滞。舆论界认为她对分析机是过于投入了。其实，巴贝奇的观点在他们两人认识之前就早已成形了。

←查尔斯 · 巴贝奇差分机的再造品。由伦敦的科学博物馆于1991年制造，其运行过程堪称完美。

具有讽刺意味的是，阿达出版的分析机书籍在某种程度上破坏了差分机获得资助的机会。政府认为巴贝奇是借此表示自己对差分机的放弃，在巴贝奇与首相皮尔 · 罗伯特一次不愉快的谈话中，巴贝奇愤怒地对首相讲："如果这是你的观点，那我们没什么好谈的。"然后拂袖而去，这件事情最终宣告他与政府合作的失败。事后，皮尔还居心不良地嘲讽巴贝奇的机器"除了可以用来运算，几乎毫无用处"。

巴贝奇将分析机的所有优点加以综合，进一步画出结构更加简单精巧的差分机草图——差分机二代。科学博物馆于1991年按照他的设计图制造了这台机器。

■ 孤单的岁月

到了19世纪50年代，巴贝奇的日子越来越艰难。他和不少知名人士长期不和，甚至还在公众场合与他们争执不休，其中包括乔治·艾利爵士（皇家天文学家）、理查德·希普山克斯（艾利的朋友）牧师等人。正是由于艾利对巴贝奇工作的强烈指责，才导致政府停止在巴贝奇的项目上提供资金。巴贝奇因此控告他出于妒忌，蓄谋恶意破坏自己的事业。相比较而言，他和希普山克斯之间的争斗则更为激烈。

■ 巴贝奇与瑞典人

60岁时，巴贝奇渐渐对自己的事业失去了信心。1854年，一位名叫乔治·舒德斯的瑞典印刷工出现在了巴贝奇的生命中，这名印刷工曾在20年前阅读了巴贝奇的作品，出于兴趣自己制造了一台做工粗糙的差分机并把它带到了伦敦。

舒德斯原先担心巴贝奇会把自己当成对手，不知道他在看到自己的机器时会作何反应。然而巴贝奇张开双臂热烈地欢迎了他，并千方百计地帮他寻找伦敦的熟人改善机器的性能。舒德斯于1857年作出了如下的推测："（巴贝奇）在未来一定会被人们广为称颂，他是全人类中最杰出的人士之一，同时也是最尊贵最具有才华的英格兰之子。"

然而，舒德斯的差分机和巴贝奇遭到了同样的命运，除了好奇的眼光之外，没有受到任何应有的关注，因为在当时借助数学表和人工计算更为便利。巴贝奇坚持不懈地研究分析机，并撰写了一大批颇具水准的科学论文，如"密码和代码"、"国际象棋"、"撬锁工具"、"工程经济"、"地理学"、"潜水艇"以及"天文学"等，涉及当时许多科学领域。

晚年，巴贝奇的身体日渐衰弱，他的夜晚常常被噩梦缠绕，扭曲的幻觉和严重的头痛影响了他的正常睡眠。屋子外的街道上音乐人吵闹不已，极度刺耳的奏乐常常令他心神不宁。1871年10月，巴贝奇已病入膏肓。18日那天，伴随着街上喧吵的风琴声，一代伟人静静地长眠于家中。

1809—1882年

查尔斯·达尔文

查尔斯·达尔文（1809—1882年）提出的进化论极大地改变了人们对自身起源的固有看法，是科学史上少有的影响深远的理论之一。进化论描述了包括人类在内的所有生物经历长期的自然选择发展进化的过程。

达尔文出生时，世界已进入文艺复兴繁荣后期，科学的观测论据和有力的逻辑论点逐渐渗透到人们的生活中，悄然改变了世人对自然世界的原有观念。科学知识的不断扩充使变化无穷的世界褪去了原先神秘莫测的面纱，人们开始通过对某些现象进行分类、研究和探测来了解自然界。

在18世纪的大部分时间里，植物学家在林奈等人的研究基础上，仍然不断在世界各地发现新的植物品种，并对它们进行分类。此外，动物学家们也在做着类似的分类工作。他们不懈努力的成果之一是不少新的大型植物园和动物园的建成，如地处伦敦西郊丘园的皇家植物园等。

科学家和神学家都对物种的起源提出了疑问：它们是怎样起源的？为什么每个物种看起来都与生存环境匹配得天衣无缝？例如鱼儿能在海里畅游，而鸟儿则在空中翱翔。

当时大众普遍接受的正统观点都来自神学。根据《圣经》的万物起源所言，“上帝创造了每一个能运动的生物……每一只有翼的鸟禽……以及所有能在地球表面爬行的物体”。神学家相信，所有种类的物种都是由上帝一次性创造的，它们从一开始就能完全适应周围的生活环境。直到现在还是有不少神学家相信这套理论。1802年，神学者威廉·佩利还为此给出了强有力的例证：假设你在沙漠中找到一只手表，你一定知道是某个手表匠制造了它。至于这个手表做得怎么样，则完全取决于手表匠自身的手艺。

然而，当时已有部分思想家开始怀疑神创论的说法，他们认为物种并非亘古不变。自然科学家找到了越来越多的各类化石，发现它们和现有的生物形态有所不同。这些古生物到哪里去了呢？为什么它们不能够存活到现在？

与此同时，地理学家詹姆斯·赫顿也对传统思想提出了质疑。正统礼教认为，地球仅仅经历了大约几千年的历史，而所有的地形地貌都是在一系列的简单地震中快速形成的。赫顿等少数人则根据实际勘察地貌发现，地球存在的年代已经非常古老，经历漫长的地表侵蚀和剧变才形成了现有的地貌。

在这个大背景下，越来越多的思想家开始提出物种并非一成不变，而是仍在变化中，换句话说，是在不断进化的。其中一位就是查尔斯·达尔文的祖父艾利斯姆斯·达尔文，另一位则是鼎鼎大名的法国自然学家吉恩·巴蒂斯特·拉马克。

拉马克描述了物种有目的地从单细胞结构向高级结构或人类形态发展进化，同时还讨论了进化过程的发生和发展情况。他认为：生物本身存在一种内在的“意志力量”驱动着生物由低级向较高的等级发展变化。他还指出，环境的改变会引起动物习性的改变，而这种在环境影响下所发生的定向变异（后天获得的性状）是能够遗传的。如果环境朝一定的方向改变，由于器官的用进废退和获得性遗传，微小的变异逐渐积累，最终使生物得到进化，新的物种由此产生。比如，长颈鹿由于常常要够树顶的叶子，不得不努力伸长脖子，它的长脖子性状代代相传，日积月累便进化成现在的模样。

拉马克的用进废退理论的提出，对传统观念而言无疑是一枚重磅炸弹。凡是他的拥护者都不同程度地遭到了教会的诽谤和打压，这种现象一直延续到19世纪40年代。许多科学家也发现这套进化学说不完全合理，获得性遗传的说法缺乏足够的证据。对生物活动与周围环境高度匹配的现象，拉马克并没有给出相应的解释。

达尔文的伟大之处并不在于其发现了进化现象，因为拉马克和不少人已经对此作出了充分探索。他的巨大贡献在于明确地指出了进化的原理和过程。他的研究对象着眼于个体而不是种群，并且揭示了对于个体的自然选择作用的威力。一个生物体群落的自然变化意味着：其中的一部分将越来越能适应某种特定的环境条件，一旦能够存活，它们的性状便可遗传给下一代。后来的评论家把达尔文的这个理论称为“适者生存”，但达尔文本人并没有用到这个词语。“适者生存”理论较清晰地阐释了包括人类在内的一切生物体形态和习性进化以适应环境的过程。

年轻的达尔文

1809年2月12日，达尔文出生在施鲁斯伯里镇一个富裕的医生家庭中。他是这个家里最小的，也是唯一的男孩，姐姐们对小达尔文近乎溺爱，以至于幼年时的他差点被宠坏。达尔文就读于当地的公共学校，但由于整天忙于搜集动植物标本和进行化学实验，他的学习成绩在班上并不突出。“所谓学校，”达尔文如是说，“作为一种教育机构，对我来说却没有意义。”

家人希望达尔文将来继承祖业。16岁时，他便被父亲送到爱丁堡大学学医。然而，他却对所有的手术都怀有无比憎恶的情绪，无心学医的他常常和动物学家罗伯特·格兰特一起讨论问题，这位学者是拉马克学说的虔诚信徒之一。两人都热衷于搜集标本，在苏格兰山林里寻找各类植物品种，往往一待就是一整天。

当父亲发现“不务正业”的达尔文并不适合学医后，又于 1828年送他到剑桥大学改学神学，希望他将来能够成为一位牧师。他在那里又认识了一位自然学家——受人尊敬的约翰·亨斯洛教授。剑桥大学的植物园荒废许久，就是这位教授的热心关注才促成了植物园的重建。就像当初和格兰特那样，达尔文与亨斯洛教授组成固定的二人组合，常常一起外出寻觅各类物种。

影响一生的旅行

1830年，英国海军打算派“贝格尔号”进行南美洲等地的科学考察航行，亨斯洛得到了以“植物学家”的身份参与这次考察的资格，因有事无法参加，他推荐了年轻的达尔文代替自己前往。达尔文的父亲开始时极力反对他前往，但拗不过自己的女儿们帮达尔文求情，最终还是答应了。

从某种意义上而言，“贝格尔号”的这次航行影响了达尔文的一生，最初计划航行2年，但实际上历时长达5年之久。达尔文回来后整个人焕然一新：他搜集的物种资料令他一生受用，而且他还得以近距离观察了大量野生动物的形态，进化论的思想也逐渐在他脑中萌发。尽管如此，达尔文并不急于求成，他认真思考和研究多年，才将自己的理论编写成书公之于世。

名声和婚姻

由于亨斯洛把达尔文在航海考察期间寄回来的标本和记录作了整理，并据此作了很多场有影响力的报告，因此，当达尔文回来时发现自己已经成了一个名人。他被地质学会吸收为会员，并受邀加入高级的绅士会所——科学协会，同时还被选为皇家学会的会员。虽然受到极大的关注，但他为人低调，从不在公众场合过分惹人注目。接下来的几年里，他安静地做着自己的工作：整理记录探究物种的问题，建立资料库、参观动物园，和植物栽培者、自然学家、鸟类学家等任何可以帮助他找到答案的人们倾心长谈。

尽管达尔文倾向于安静勤奋的求学生活，但他此时也想要找个人在身边陪伴一生。1838年，29岁的达尔文经过慎重权衡后与堂妹艾玛成婚。婚后不久，二人就搬到布罗摩里附近的肯特郡，在唐恩村度过了幸福美满的一生。

重大的新突破

达尔文的思想大部分是通过日积月累才逐渐成型的，但在这个过程中也出现过“尤里卡”（原意为“我知道了，我找到了”，引申为灵感迸发之意）时刻，那就是在他读到《人口论》的时候。这本书由托马斯·马尔萨斯写于1798年。马尔萨斯在书中指出，无论是人类还是动物，所有物种的数量往往取决于食物的供应量，当人口数（或其他生物数量）超过某个特定的临界点时将会崩溃，一切只能重新再来。达尔文看完这段后非常兴奋，“犹如醍醐灌顶，我一下子就想到，假如周围环境发生了变化，那么能适应的生物就能生存下来，而处于劣势的就会被淘汰。结果就产生了新的生物物种……我从此便找到了一个值得推敲的理论”。

达尔文生性不爱张扬，虽然提出了新理论，但他却选择不予公开。在后来的日子里，他投注大量心血研究一个简单物种——藤壶（一种蔓足亚纲的海洋甲壳类动物），在长达10年的工作中撰写了不少相关的科学论文。1858年的夏天，他在论文中写道：“亚斯拉巴拉诺斯先生（达尔文对一种藤壶新品种的昵称）具有庞大卷由的雄性生殖器官。”达尔文之所以在蔓足类动物上花费这么多的精力，或许是担忧进化论的提出会招致民众的愤怒，甚至遭受暴力侵害的厄运。

↑达尔文在唐恩村家中的书桌。他于1838年搬到这里，远离《物种起源》等著作引起的狂风骤雨，度过了安静的后半生。

■ 竞争对手的出现

由于一再拖延，一颗意想不到的“重磅炸弹”从天而降，令达尔文陷入了苦恼之中。这枚炸弹是一封来自印度尼西亚马鲁加群岛的信件，信的主人是当时罹患疟疾的年轻自然学家阿尔弗雷德·华莱士。他得出了物种受自然选择的进化理论后便立即致信达尔文，请达尔文帮忙审阅。信中阐述的内容几乎与达尔文的研究结论完全一致，达尔文也因此陷入两难境地，“我从来没有遇到过如此令人惊奇的巧合。”他事后说道。这位严谨的学者立即和自己的朋友们商量此事，其中有著名的地质学家查尔斯·赖尔、植物学家约瑟夫·虎克、哲学家托马斯·亨利·赫胥黎三人。他们最终决定，将达尔文和华莱士的研究成果在同一时间发表，并注明达尔文在12年前就已经提出了这个进化论学说。

达尔文迅速发表他的经典著作《物种起源》，书中鲜明地提出整个思想框架，并列举了“贝格尔号”航海过程和后来几年中收集的充分证据。该书出版后很快在全国引起了轰动，第一版的1 250本书于出版当天（1859年11月24日）被抢购一空。

■ 激烈的争论

达尔文的著作问世后，一部分读者很快就接受了他的观点，认识到自然世界中巨大变化的产生过程。但还有一部分人认为这是对上帝的公开侮辱，因为达尔文的思想与《圣经》中的神创论完全背道而驰。争论日趋白热化，几乎整个英格兰的餐桌上和辩论会场中都在讨论这件事。

最著名的达尔文进化论的捍卫战在两个人之间展开：他们是达尔文的好友托马斯·亨利·赫胥黎和牛津主教、狡诈圆滑的萨姆·威博尔福斯。在一次争论中，威博尔福斯用尖锐的语言攻击赫胥黎，讥讽他维护的达尔文理论就是承认他的先祖是猿猴。然而，这些语无伦次的谩骂使他在这场辩论中败给了对手。赫胥黎以雄辩的事实，富有逻辑性的论证，赢得了观众的阵阵掌声。这次辩论在全国引起极大反响，那些达尔文的拥戴者（现称达尔文主义者）也赢得了越来越多人的拥护。

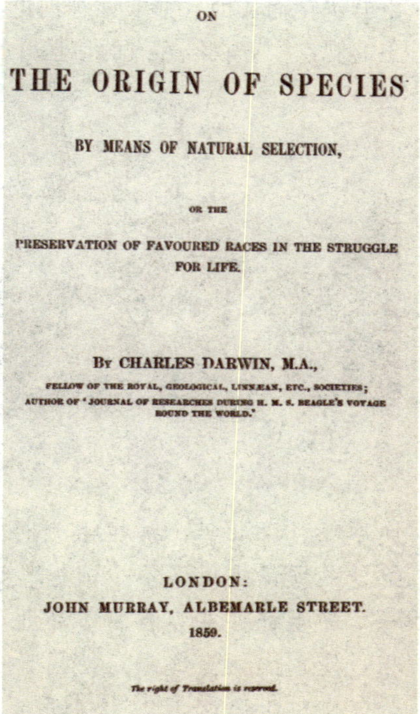
ON

THE ORIGIN OF SPECIES

BY MEANS OF NATURAL SELECTION,

OR THE

PRESERVATION OF FAVOURED RACES IN THE STRUGGLE FOR LIFE.

BY CHARLES DARWIN, M.A.,

FELLOW OF THE ROYAL, GEOLOGICAL, LINNÆAN, ETC., SOCIETIES;
AUTHOR OF 'JOURNAL OF RESEARCHES DURING H. M. S. BEAGLE'S VOYAGE ROUND THE WORLD.'

LONDON:
JOHN MURRAY, ALBEMARLE STREET.
1859.

The right of Translation is reserved.

↑达尔文《物种起源》一书的封面，于1859年出版。第一版书上市第一天就被抢购一空，然而这部书引起的争议却延续到今天。

1862年，达尔文进化论遭遇到一次重大挫折。苏格兰物理学家威廉·汤姆森(后来的开尔文男爵)采用一种方法估算地球形成的年代。开尔文宣称地球的年龄最多不会超过4000万年，很可能才2000万年左右。他的计算依据建立在地球内热的降温时间上，从最初高温到现在温度所需的时间是确定的。这对达尔文的理论而言，无疑是一记重击，因为达尔文理论中完成所有进化所需的地球年代远比开尔文的数据要古老得多。后来的研究发现，开尔文的估算是错误的，科学计算表明，我们居住的地球已经经历了长达40多亿年的历史。

“贝格尔号”的航行

达尔文在自传中如此评论参与“贝格尔号”的考察之行：“这次出海是我一生当中最重大的事件，它决定了我终生的事业。”当他踏上征途时，仅仅是一名初具植物基础知识的植物学爱好者，还算不上学者，对地质学的了解更是一片空白。在即将起航时，亨斯洛交给达尔文一本查尔斯·赖尔新出版的《地质学原理》。航行中，这本书帮助他了解到地貌形成过程中地表侵蚀和地壳突起运动。当“贝格尔号”抵达佛得角群岛后，达尔文注意到火山周围有一层银白色的煤层，这证明山群地貌是从海底上升进化而成的，并非如神创论者所言是经历几次大灾难形成。他很相信赖尔的观点，曾在给家人的信里感叹道，“地质学支撑着当代科学的发展”。

海船到达北美洲的东海岸时，达尔文搜集了丰富的标本，并对他遇到的野生动物和地质特征一一做了详细的记录。根据沿途的所见所闻，他越来越不相信创世说的解释，即生物不可能是一次性创造而成的，其形态更不可能一成不变。1835年，加拉帕戈斯群岛（位于南美洲的西海岸）的秋季之行给他的理论提供了不少依据。达尔文注意到，在当地20来个岛屿中，每一个岛上都存在各自的雀鸟亚种，它们的鸟喙形状均与各自的进食方式相适应。比如有些雀鸟使用喙来啄碎坚果，而有些则以吞食花蜜为生。达尔文对此记录道：“这个现象非常有意思，为了适应各自不同的环境，这些岛屿的鸟雀数量很少，但每类都彼此不同。”正是由于这个强有力的证据，才令他确信生物是在适应环境的自然选择中进化的，最初它们并没有被完美地“设计”成适应环境的形态和习性。

达尔文回到家乡后，已经完全肯定进化论的现实性和可行性。此时，需要他去做的是探索进化的机理和过程，而这就成了他一生的事业。

■ 人类的起源

↑加拉帕戈斯雀，是激发达尔文建立进化学说的灵感来源之一。

这个时候，达尔文远离争论的尘嚣，安心在唐恩村的家中撰写下一部作品《人类起源》（1871）。在书中，他应用进化论解释了从猿猴到人类的进化过程。在一个著名的章节里，他写道：“拥有高尚品格的人类……身体结构内仍然蕴藏着属于他们祖先的无法抹去的印迹。”

达尔文在后半生依然致力于进化论的完善和改进，尤其是在人类进化方面更是投注了许多精力。1872年，63岁的达尔文出版了一本论述情绪和表达的进化的重要著作《人与动物的情绪表达》。

此时，长期的辛劳已透支了他的健康，也拖垮了他的身体。1882年4月19日，达尔文溘然长逝，享年73岁。四面八方的人们纷纷自发前来哀悼和缅怀他，他的遗体安葬于威斯敏斯特教堂，在为他抬灵柩的队伍中有好友赫胥黎等人。

1831—1879年

詹姆斯·克拉克·麦克斯韦

苏格兰物理学家詹姆斯·克拉克·麦克斯韦（1831—1879年），被奉为19世纪最伟大的科学大师。他在电磁学、气体运动理论、天文物理学和色视觉等方面取得的突出成就为近代科学技术开辟了一条崭新的道路。

詹姆斯·克拉克·麦克斯韦于1831年6月出生于苏格兰的爱丁堡。他是家中的独子，父亲约翰·克拉克是一名律师。詹姆斯出生后不久，约翰·克拉克继承了先祖的遗产，便举家搬迁至柯尔库布里郡的格伦莱尔。小麦克斯韦在那里度过了无忧无虑的童年。母亲在他的早期教育中起到很关键的作用，他在科学方面的兴趣得到了最初的启蒙，可惜母亲在他8岁那年就过早离开人世。由于母亲信奉的是基督教，她的一言一行对儿子的影响很大，麦克斯韦长大后也成了一名虔诚的基督教徒。在失去母亲后，父亲克拉克为他找了一名私人教师，1841年，又将他送到爱丁堡学会就读。

■ 聪慧的头脑

初到学校时，麦克斯韦并没有显露出任何值得称羡的才华。他生性内向，几乎没有什么朋友，同学们还因此暗中叫他“傻瓜”。14岁时，他写了一篇数学论文讨论二次曲线的几何作图难题。小小年纪就有如此卓越的数学造诣，使得所有人都大吃一惊，尽管他的观点并不是全新的，但这并不影响人们认为他是个天才少年。此后，麦克斯韦凭这篇论文在数学和各类科学上获得了一系列奖励。

1847年，年仅16岁的麦克斯韦考进苏格兰最高学府爱丁堡大学，主修自然哲学、道德哲学等课程。在爱丁堡求学期间，他如饥似渴地学习和钻研知识，并在《爱丁堡皇家学会学报》上发表了2篇高质量的科学论文。1850年，麦克斯韦离开爱丁堡大学，转到人才济济的剑桥大学攻读数学。当时的毕业生威廉 · 汤姆森（后来的开尔文勋爵）这样描述麦克斯韦的求学生涯："他的工作成就非常引人注目。其实相对于他提出的卓越观点而言，他的个性更加突出。他的思路敏捷而富有跳跃性，让人难以捉摸，言谈之间常常是一个题目还没有讲完就跳到另一个题目上。"

1854年，由于考试成绩优异，麦克斯韦获得了剑桥大学三一学院的奖学金。在此期间，他又发表了2篇论文，分别是《弯曲致表面形变》和《论法拉第的力线》。其中，后者用数学语言描述了电磁场的力线，这是他毕生第一篇关于电磁学的论文，从此他认准主攻方向坚定不移地研究了下去。

■ 土星环的研究

1856年11月，麦克斯韦被阿伯丁港的马里夏尔学院聘请为自然哲学教授。上任后不久，他便得知1857年亚当斯奖的竞赛主题是土星环的运动。其实早在求学阶段他就对这个课题产生了浓厚的兴趣，他下定决心争取要拿到这个奖。麦克斯韦找到一项已有的精密解析资料苦苦思索，终于得出结论，指出了土星环不可能是连续固体环或液体环，原因在于两者都会影响土星环的稳定性，它应是由许多小碎块物体组成的。最终他如愿以偿摘得了1857年度的亚当斯奖。当时的评委之一、英国皇家天文学家乔治 · 比德尔 · 艾里爵士对麦克斯韦的论文大加赞赏，"将数学应用于物理问题，这是我曾经遇到过的最出色的解决方法"。1981年，太空探测器"旅行者一号"在宇宙中拍摄到土星环的近照，进一步证明了麦克斯韦的观点。

1860年，麦克斯韦离开阿伯丁港到伦敦皇家学院任教。他的工作愈加繁忙紧张：一年中有9个月必须教书讲课，再加上夜校的课程。尽管如此，他还是挤出时间在电磁学方面作出了许多令人瞩目的卓越成就。

■ 开拓电磁学

1820年，丹麦物理学家汉斯 · 克里斯汀 · 奥斯特发现电生磁效应，并对此专门举办了一场报告会，科学家们因此了解到电和磁在某种程度上具有一定的关联性。奥斯特注意到，电流通过电线时附近指南针的指针就会发生微小的偏转。经过仔细分析，他得出结论：电流可以在电线附近产生诱导磁场。根据奥斯特的发现，英国科学家迈克尔·法拉第开始探究这个结论反过来是否也成立，即变化的磁场周围是否能产生电。1831年，也就是麦克斯韦出生的这一年，法拉第发现，电线在磁体周围的磁场中移动时也会产生电流。这就是众所周知的电磁感应定律，也是电动机和发电机的发明原理。

法拉第想进一步深入探究电磁之间的联系，却为自己的数学水平所限，迟迟未有进展。麦克斯韦坚定地接过这位伟大先驱者的火炬，开始向电磁领域的纵深挺进。经过日日夜夜的探索和思考，他指出所谓的电和磁，其实是同一个物理概念，即都是电磁学的不同表现形式。1864年，麦克斯韦向皇家学会递交电磁学论文，文中他采用数学工具建立了4个数学方程式，证明电流产生电场和磁场的原理以及电场与磁场之间的关联性，后世称之为“麦克斯韦方程组”。

> 爱因斯坦形容麦克斯韦的发现是“牛顿以后世界上最伟大、最丰硕的物理学贡献”。

麦克斯韦方程组不但圆满地解释了电磁感应现象，而且还揭示了电场和磁场的波动速度与光速（300 000 000米/秒）相当接近。他又从中得出一个重要的电磁学结论：光的实质是一种电磁波。这个观点的提出，首次把光学和电磁学联系起来并奠定了近代物理学的基石。不仅如此，他还预言可能还存在着其他波长的电磁波。这一观点在1887年（麦克斯韦去世8年后）得到了证实：德国物理学家海因里希·赫兹在实验中制造并检验出麦克斯韦预言存在的不可见波段光波；1895年，科学家又发现了X射线，进一步确立了麦克斯韦电磁波理论的科学地位。

■ 气体分子运动

1865年，麦克斯韦回到苏格兰的格伦莱尔住所，开始从事气体运动的科学探索。此时，英国物理学家詹姆斯·焦耳等人已经在这方面有所研究。1840年，焦耳认识到热是分子运动的结果，由此推动了新科学领域的开发——热力学，其中还包含了气体分子运动理论。8年后，焦耳成功地计算出气体分子的平均运动速度。遗憾的是，他错误地认为所有不同气体分子的运动速率都是一致的。事实上，分子的运动速度在很大程度上取决于它们之间的碰撞频率。

三元色理论

1849年至1860年，麦克斯韦研究了色彩的概念和色视觉。历史上第一位探索色彩奥秘的是艾萨克·牛顿（1642—1727年），他指出世间总共有7种基本颜色，将它们进行不同的组合，便可得到所需的各种色彩。1801年，托马斯·杨应用纺纱的颜料盘进行试验，并首次提出三元色的理论，即人类的眼睛只能辨认出红绿紫3种基本颜色（后经另一名科学家大卫·布儒斯特修正为：红绿蓝三原色）。麦克斯韦在该领域最大的贡献就是发表了论文《色视觉理论》（1860），用数学语言精辟地论证三原色理论，并指出色盲症的根源在于缺乏对红色的色感。他因此还获得了拉姆福德奖章。

1861年，麦克斯韦首先提出了实现彩色摄影的具体方案。他找来摄影师托马斯·萨顿，请他在带方格的色带上放置3张黑白照，再用红绿蓝3种颜色滤镜分别对照片进行滤色，结果3张照片在相同滤镜中显示出色彩，3个效果叠加后便得到了彩色照片。三原色理论是当代彩色摄影的基础理论。

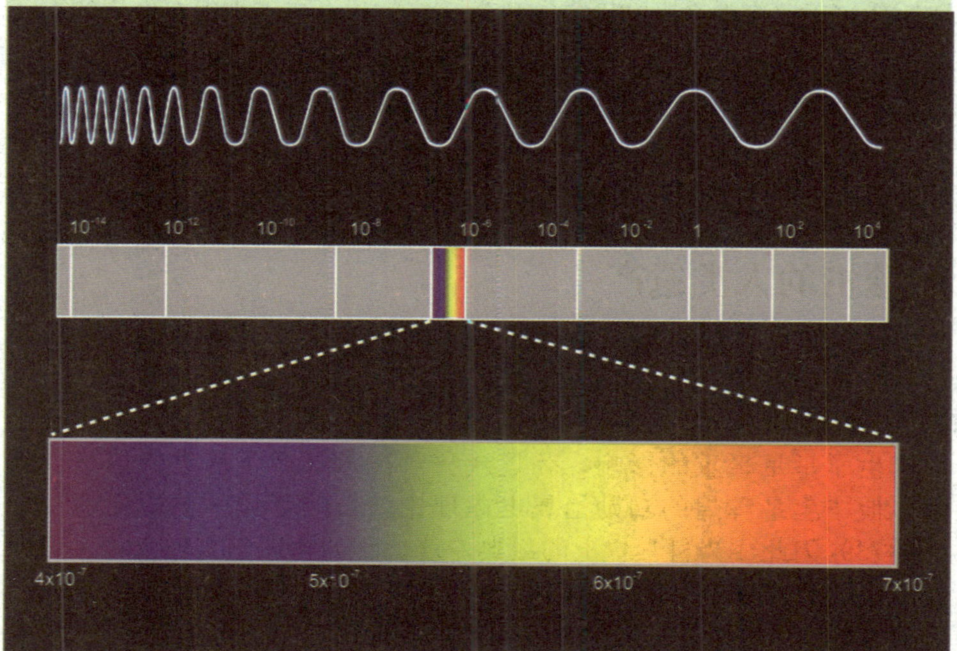

麦克斯韦认识到并非所有的气体分子都按同一速度运动，要计算出任意时刻每个分子的运动速率和所处位置，几乎是不可能的。唯一可以做到的，只能是描述出它们在给定时刻的大概分布概率（大致的速率和位置），他推导出求已知气体中的分子按某一速度运动的百分比公式。该理论的提出具有划时代的意义，堪称最恰当的分子运动表达方式。1866年，麦克斯韦发表了气体分子运动论文，他提出的理论被命名为麦克斯韦－玻尔兹曼气体动力学（同年，奥地利物理学家鲁德维格·玻尔兹曼独立研究发表了相同观点的理论）。

1871年，麦克斯韦因其在物理学上作出的卓著功绩被剑桥大学聘为首位卡文迪什实验物理学教授（由于英国科学家亨利·卡文迪什精确地计算出地球的密度而扬名天下，这个职位由此得名）。上任后，麦克斯韦于1874年创建了卡文迪什实验室，在整个筹建过程中从设计、施工到仪器购置，麦克斯韦都事必躬亲。他是实验室的创建人，也是第一任主任。这里很快就成了新的实验物理学研究中心。他花费好几年整理了卡文迪什留下的大量资料，并重复操作验证他的所有实验。卡文迪什是18世纪一位性情怪僻的英国著名科学家。他为人腼腆，喜欢离群索居。卡文迪什死后留下很多没有发表的科学手稿，其中有不少很有价值的东西几乎被埋没了半个世纪。整理这些资料是一件非常细致而困难的工作，麦克斯韦为了完成这项工作，作出了很大的牺牲，他放弃了自己的研究，把全部心血倾注在这上面。不久，心力交瘁的麦克斯韦不幸罹患癌症，于1879年11月过早地离开了人世，终年48岁。

■ 珍贵的人类遗产

当我们重新翻看麦克斯韦在各个领域的伟大成就时，很难想象这些全都出自他一个人的功绩。他的工作涉及科学的方方面面——电磁学、气体动力学、色彩学和天文物理学——所有这些，在科学史上都产生了举足轻重的影响，为近代科学技术开辟了前进的道路。其中，他毕生最辉煌的功勋当属电磁理论，他的著作《电磁学通论》（1873）因此成为科学史上的经典专著。正如物理学家理查德·费因曼所说："几万年以来，从漫长的人类史来看，毫无疑问，麦克斯韦提出的电磁学理论是19世纪最重大的发现。"

麦克斯韦在世时，不如牛顿和爱因斯坦等科学伟人有名，这可能是由于他英年早逝，没有等到他的理论得到重视的那一天，同行们在当时都没认识到麦克斯韦工作的历史意义。作为一名谦逊的、淡泊名利的科学工作者，他只是简单地以工作为乐。正如麦克斯韦在1860年自述的："我们在接受导师教育的同时，在某种程度上也该亲自经历一下探索之旅，体会追求真理的快感，激发科学研究的动力。"

1858—1947年

马克斯·普朗克

马克斯·普朗克（1858—1947年）近代伟大的理论物理学家，出于对自然规律的强烈求知欲望，他开创了一个全新的物理领域——量子理论，人类对原子和亚原子结构微粒的了解由此大为改观。

马克斯·普朗克于1858年4月23日出生于德国沿海城市基尔。母亲名叫埃玛·普朗克，父亲朱利叶斯·威廉是一名杰出的宪法教授，从小注重培养儿女们对学术的兴趣，爱国情怀和宗教信仰也早早在年幼的孩子们心中生根发芽。他还教育孩子们要具备诚实、公正和慷慨等优良品德。

■ 接受正统教育

普朗克从小在基尔当地入学读书。在他9岁那年，父亲成为慕尼黑大学的法学教授。此后，普朗克被送到该市著名的马克西米利安高级中学就读，他在班上并不是顶尖的学生，成绩一般都名列班级第8名左右。幼年的他对数学和物理学科并没有表现出特殊的兴趣，倒是在音乐方面体现出超人的才华。上帝赋予了普朗克出众的音乐天赋，很小的时候，他就已经具有专业音乐家的钢琴和管风琴演奏水准。直到临近中学毕业时，普朗克才决定把人生目标转移到物理研究上来。这多亏了他的老师赫尔曼·穆勒，穆勒为他讲授能量守恒定律（也就是热力学第一定律）等科学规律。当普朗克发现宇宙万物居然遵守着如此绝对的自然规律时，内心被深深地震撼了，并产生了寻找更多自然规律的强烈欲望。

尽管如此，当普朗克于1874年6月通过毕业考试后，16岁的他还是无法确定自己的人生道路。摆在他面前的有3个选择：音乐、数学和物理。

在他左右为难之际，一位音乐家与他促膝长谈人生理想。当谈到是否要选择以音乐为终生职业时，这位音乐家建议普朗克，若是对自己的人生方向仍然举棋不定，还不如做点其他有意义的工作。

普朗克经过深思熟虑，最终决定到慕尼黑大学攻读数学和物理。他对是否应该选择物理学科为主攻方向犹豫不决，于是便询问了他的物理老师菲利普·祖利。这位德高望重的教授规劝他万万不可有这个念头，因为他认为物理学是一门高度发展、几乎尽善尽美的科学，在这个领域里已经没有多余的空间可以发挥能力了。这种观点在19世纪末的科学界是普遍存在的。大多数科学家都认为物质世界的奥妙，包括运动规律、重力、电和磁、气体理论、光学等，所有的真理都已经被发掘完毕了。他们认定，在未来的岁月里，物理学作为一个完整的体系，其研究职责仅仅是进一步巩固和完善原有的理论。

尽管祖利言之凿凿，说了许多令人泄气的话，但普朗克经过激烈的思想斗争还是毅然决定成为一名理论物理学家。他对那些规范宇宙的法则着迷不已，而且他坚信：人类只要发挥不断思考的天性，必然会对世界有更加深入的理解。1877年，普朗克完成了在柏林大学的学业。在那里，他认真听取了赫尔曼·赫尔姆霍茨和古斯塔夫·基尔霍夫发人深省的报告会，这两位都是当时物理学领域的大师级人物。会后，普朗克仔细研读了鲁道夫·克赖修斯的作品，文中精辟的语言、深邃的思想深深触动了他的内心，引领他踏上了充满艰辛坎坷的研究热力学第二定律的道路。

随后，普朗克返回慕尼黑大学继续他的研究。1879年7月，21岁的他发表了一篇以热力学第二定律为主题的博士论文。第二年，他凭借这份学位论文成为慕尼黑大学的讲师。1885年，普朗克被基尔大学聘为理论物理学的副教授，这一年他才27岁。依靠丰厚的薪水，普朗克得以乔迁新居，并于1887年3月31日与相爱多年的女友、慕尼黑银行家的女儿玛丽·默克喜结良缘。

1887年10月，普朗克在柏林大学的导师基尔霍夫与世长辞。学校决定选一名世界知名的物理学家继任他的职位。他们首先邀请的是海因里希·赫兹和鲁德维格·玻尔兹曼，但由于两人都婉言谢绝，机会就落到了普朗克的头上。1888年，普朗克接替导师的工作，1892年，他被提升为教授。此后，他在这个职位上为科学奋斗不止，直至1927年退休。

在柏林期间，普朗克在理论物理学领域作出了一生最辉煌的成就。他进一步深化了热力学第二定律的内涵，并开始发展熵的概念，从中逐渐得出物质的气、固、液三相之间互相转化的原理。此外，他还注意到液体混合物导电的现象（电解现象）。经过一系列的实验，他得到了各种溶液的沸点和冰点，并发现了其中的运算规律。

对辐射现象的探索

19世纪90年代中期，普朗克转而开始研究热辐射现象。此时，物理学家业已明确所有的物体发出的热辐射包含全部波长的频率，尽管只有在某个频率下才能达到最大辐射，而且这个频率还与物体的温度高低有关。一般来说，物体表面的温度越高，其最大辐射的频率也越高（所谓频率，就是任何辐射形式的波每秒钟的传播速率）。普朗克认为其中必定存在某种关联，很可能是某个隐含的定律。然而，如果要在实验室内进行精确的测量，根本无法达到实验要求，因为高温物体的性质往往是不稳定的。因此，普朗克发展了一个新概念——“黑体”，这是一种假想物体，它能够吸收外来的全部电磁辐射，并且不会有任何的反射与透射。黑体辐射谱(也称热辐射谱，即在给定温度的条件下，黑体辐射中各个频率分布情况的曲线图)中的能量分布问题是当时的大热门，普朗克也参与其中。

1896年，柏林的辐射研究中心——德意志帝国联邦物理技术研究院（PTR）的成员威廉·维恩宣称自己发现了物体辐射能的分布公式。随后的几年里，普朗克尝试把维恩提出的分布式套用到自己的黑体模型上进行验证实验。1900年，他的实验获得圆满成功。不过，PTR经严密测量得出维恩公式只适用于高频率的波长。与此同时，两位英国物理学家，瑞利勋爵和詹姆士·琼斯得出了另一个与维恩公式恰好相反的分布公式，这个式子只适用于低频率的波长。

1900年10月，普朗克发现了两个公式的缺陷，便决心解决这个难题。两个分布公式都有用，却分别只适合不同频率的热辐射波长，针对这个现象，普朗克猜想如果把两个式子合二为一，或许就能得到适合所有频率的简单分布公式。他很快就找到了答案：只要将波频率与某个常数相乘即可解决问题，该常数在后来被命名为“普朗克常数”（6.6256×10^{-34}）。

“外面的世界是完美的。对我而言，寻求其内在规律是我一生最崇高的科学事业。”

新公式整合了物理学同行的工作结晶，从数学角度而言，它无疑是正确的。然而，在普朗克看来这只不过是“一个幸运的直觉”——碰巧让自己凑到了一个与实验结果相符的公式而已。以严谨的科学态度来审视，这个公式还缺乏一定的理论基础。普朗克经过2个月的奋战，终于成功地证明了公式的科学性和合理性。1900年12月14日，普朗克在德意志物理学会会议上宣读了自己的论文。

量子理论的提出

然而，普朗克提出的新辐射定律遭到了经典物理学的挑战。在他所提出的理论中，物体发出的辐射能（e）等于辐射频率（n）乘以普朗克常数（h），即e＝hn。其中，h虽然是一个极小的数值，几乎接近于零，不过仍然是一个有限值。换句话说，公式e＝hn说明，能量是以微小的不可分的粒子形式进行传播的，普朗克为其命名为“量子”。这是一个革命性的新理论：在此之前，经典物理学一直认为能量是以连续形式传播的。在这个时候，物理学家刚刚接受原子理论，初步认识到微观世界，但无法应用经典物理的知识对其进行描述。普朗克提出的量子概念则正好可以用来解决原子理论的许多未解之谜，由此打开了物理学科的新大门——量子理论。

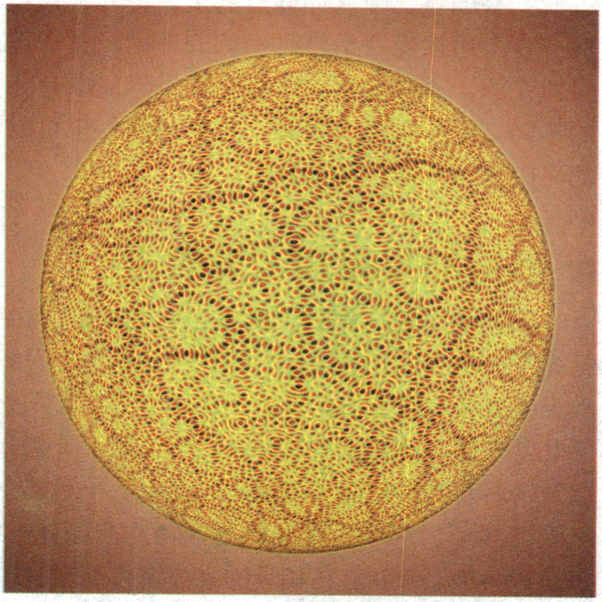

↑ 该图模拟的是许多波在球体表面运动路径的叠加情况。由此产生的随机波是量子无序性表现方式的一种。经典的无序性是指各种波的运动方向任意的情况，量子无序性指的是量子波动随机组合的情况。该随机模型由埃里克 · 海勒建立。

在当时，物理学家们包括普朗克自己还没意识到量子理论的划时代意义。1905年，埃尔伯特·爱因斯坦证实能量的另一种形式——光能是以量子形式传递的，并称之为光子。从此以后，越来越多的科学家投身到微观领域。法国数学家朱尔斯·庞加莱运用数学工具证明了普朗克辐射定律中的量子是不可分割的。丹麦物理学家尼尔斯·玻尔提出氢原子的量子理论，并指出普朗克常数是研究原子的突破口。到了1911年，量子学已经成为物理学研究的前沿学科。1920年后的10年间，量子理论成为量子论机理的基石，揭示了原子和其他微观粒子的各种性质。

马克斯·普朗克提出量子理论时已经年届42岁，这个年龄的许多物理学家早就过了他们的黄金时期，并将科学的接力棒交给了思维更活跃的下一代。普朗克热爱秩序井然的逻辑世界，对经典物理学深信不疑，以至于他一直不愿接受背叛自己信仰的理论。量子理论的横空出世，提供了一个看似充满矛盾和动荡的微观物理世界。以光为例，我们可以根据实验设计的不同，既可以将它看做一种电磁波，也可以当成微粒（光子），这在普朗克眼里看来简直不可想象。

■ 最后的岁月和宝贵的遗产

1900年以后，普朗克依然在各个领域进行着他心爱的科学工作，其中包括光学、热力学和物理化学等。1918年，为表彰普朗克提出的量子理论，瑞典皇家科学院授予他诺贝尔物理学奖。让人叹息的是，普朗克晚年的家庭生活非常悲惨。他的妻子玛丽于1909年撒手人寰，留下两个儿子卡尔和欧文，以及一对双胞胎姐妹玛格丽特和艾玛。卡尔参加了第一次世界大战，于1916年战死沙场。次年，女儿玛格丽特难产而死。1919年，艾玛也在生产中死去。1944年，普朗克在柏林的家被多枚炮弹击中，许多重要论文和著作都在这场灾难中毁于一旦。同年，儿子欧文由于参加刺杀希特勒的行动被盖世太保（纳粹政体下的德国秘密警察）处以死刑。战后，普朗克孑然一身来到格丁根定居。1947年，一代科学巨匠溘然长逝，终年89岁。

普朗克由于发现了划时代的量子理论，彻底改写了人类对微观物理世界的了解而被世人所铭记。此外，他还是一名杰出的教师，《理论物理学导论五章》汇集了他在1920年以后的讲座内容，被后世奉为经典之作。作为一名柏林的理论物理学教授，普朗克大大扩展了物理学的研究范围，并帮助和提携了包括爱因斯坦在内的许多年轻科学家，不少著名物理学家都接受过他的谆谆教诲。科学能有这样的发展命运可以说是一个偶然的幸运，因为伟大的马克斯·普朗克并没有听从他的老师菲利普·祖利的建议，最终坚定地选择了物理学的道路。祖利曾在1874年劝说普朗克：“当然，理论物理学是一门非常好的学科……不过，你不必指望再为它增加任何新的基础理论。”

热力学第二定律

马克斯·普朗克对热力学第二定律近乎着迷。该定律是由鲁道夫·克莱修斯于1850年提出的，论述了熵的概念。所谓熵，指的是某个系统中“混乱度”的标度。简单来说，第二定律说明的是，在任何自然过程中熵值总是增加的。因此，假如把一杯热茶放到冷冻房里，那么最初该房间内的热量（或能量）分布一定是不平衡的，能量会从杯子内不断传递给房间内的空气直至两者的温度一致。换种表述方式，也就是说任何变化都会自发地使能量分布尽量趋向于平衡态，并且导致熵值的最大化。

1867—1934年

玛丽·居里

玛丽·居里（1867—1934年）和她的丈夫皮埃罗一起率先分离出放射性元素钋（Po）和镭（Ra），并于1903年获得了诺贝尔物理学奖。1911年，玛丽·居里由于突出成就再度被授予诺贝尔化学奖。

当我们听到或看到“放射性”这个词汇时，常常会感到害怕，因为它往往和核战争、放射性中毒、癌症等危险事件联系在一起。然而，在玛丽·居里生活的年代，人们对放射性元素的危害一无所知，她选择了从事这项研究工作，并坚持到底。在当时，女科学家是遭到歧视的，然而她却顶住了外界的沉重压力，最终获得了全世界的敬仰。她是一位卓越非凡的伟大女性，面临困难毫不退缩，她所表现出的超人的勇气和毅力受到了无数人的赞美。无论是经济条件的窘迫，还是痛苦疾病的折磨，抑或是个人生活的劫难，都无法阻碍她前进的脚步。

早期岁月

1867年11月7日，玛丽出生于波兰的华沙市，她最初的洗礼名叫做玛丽亚·斯克罗多夫斯卡，在迁至法国后，才改名为玛丽。玛丽的双亲都是教师，受父亲影响，她从小就对自然科学具有浓厚的学习兴趣。在她7岁那年，幸福的童年生活却戛然而止：这一年，姐姐卓菲娅因患斑疹伤寒症夭折。4年后，母亲罹患肺结核离开了她。遭此打击后，玛丽变得安静懂事，在学校里勤奋刻苦，一直是班级的第一名。18岁那年，玛丽决定到大学里就读物理学。由于是女性，她被波兰的高等学府拒之门外，玛丽决定远赴法国巴黎到著名的索邦大学求学。由于家境清贫，为了实现心中的梦想，玛丽与表姐布朗妮亚达成一项口头协议：她会把自己任家庭教师挣的钱为表姐付学费，而一旦布朗妮亚成功跨入大学校园，她就必须在参加工作后用自己的薪水供玛丽上学。玛丽遵守约定坚持做了整整8年的家教，终于得偿所愿，在1891年11月搭上了前往巴黎的火车。

来到巴黎

巴黎是一座充满新奇的美丽城市，处处洋溢着浪漫的文化和艺术气息。然而，玛丽对此却视若无睹，唯一令她感到兴奋的是在这个地方终于可以如鱼得水地学习她一直热爱的物理学。索邦大学的实验室是由当时最受尊敬的一些科学家负责装修和管理的。玛丽在校园内是为数不多的女科学工作者之一，她全身心地投入了艰苦的学习中，并以第一名的成绩于1893年拿到物理学位。2年后她又拿到了数学学位。

1894年，玛丽遇见了生命中完美的另一半——皮埃尔·居里（1859—1906年），他是一位安静深沉的科学工作者，时任索邦大学物理学院的教授。皮埃尔对待工作一丝不苟，而在与朋友到户外活动时往往会表现出可爱风趣的另一面。这对恋人于次年结成佳偶，在巴黎的一个小公寓里过着节衣缩食的生活。1897年，玛丽生下第一个女儿艾琳。同年，她开始撰写博士学位论文，研究的主题确定为元素镭的性质。

X射线的启示

1895年，德国物理学家威廉·伦琴（1845—1923年）发现了电磁射线，并为其命名为X射线。第二年，法国物理学家安托万·亨利·贝克勒尔（1852—1908年）又发现铀能放射出一种与X射线相似的奇妙射线，并命名其为“贝克勒尔射线”。他还由此推测，这些射线是多个原子的作用效果。X射线和贝克勒尔射线的发现开创了一个全新的物理领域，宣告了核时代的来临。

贝克勒尔发现的射线引起了玛丽极大的兴趣。射线放射出来的力量从何而来？玛丽决定以此为课题，寻找发出类似“放射物”的具体元素。她在索邦大学的物理学院里搭建了小型实验室，那是一个暗淡无光、积满灰尘的地下室。由于缺乏研究资金，她只得借用丈夫皮埃尔的测量仪器。1898年，玛丽使用了词汇“放射性”来描述发射神秘射线的元素的性质。最后，玛丽发现，沥青铀矿的放射性比其中包含的全部铀元素所应放射的强度还要大得多。她推测这些矿石中一定存在着某种未知的、放射性很强的元素，并设计放射化学的基本分析方法来找寻它。玛丽耗费了一辈子的精力来完成这个课题，因为她必须提取出未知的放射性元素，以证明它的存在。她的丈夫皮埃尔·居里意识到这一研究的巨大难度，直接参与了妻子的工作。

■ 有危险性的工作

课题开始后，大袋大袋的沥青铀矿石被送到他们狭小的地下实验室里，那里几乎连转身的空间都没有。从沥青铀矿中提取元素是一项异常艰巨的工作：首先，她每次必须碾碎1000克的矿石；经过筛分，再将其煮沸并连续搅拌几小时，形成可蒸馏的液体混合物；最后，再对处理物不断加以电解，直至分离得到微量放射性元素为止。玛丽决定用祖国的名字命名这种未知物质，她和丈夫一起克服了许多常人难以想象的困难，坚持不懈地探索和寻找放射性元素。1898年的一个春日，玛丽和皮埃尔终于迎来了事业中的春天——他们发现了元素钋（Po）。这是一种与众不同的化学元素，当它与水混合后会在黑暗中闪光。

> “生命中没有什么是值得恐惧的。我们只需掌握真理。”

居里夫妇沉浸在成功的喜悦中没多久，便注意到沥青铀矿中还存在着另一种放射性更强的元素，于是他们又投入新一轮的战斗中。他们守在装着放射性矿物质的大罐旁，搅拌着沸腾的溶液度过了无数个不眠之夜。这对坚毅的夫妇过着清贫的生活，4年多的时间里，他们只得到1克镭（Ra）元素。在当时，没有人知道靠近放射性物质会给健康带来多大的损害，他们的身体日益消瘦，无尽的病痛折磨着居里夫妇，但他们却以为这是过度劳累和饮食不佳造成的。就在他们大功告成前的几个月，玛丽还不幸失去了深爱的父亲。

■ 为女性颁发的诺贝尔奖

1903年，斯德哥尔摩（瑞典首都）的瑞典皇家科学院根据居里夫妇和贝克勒尔的杰出成就，为他们共同颁发了当年的诺贝尔物理学奖。这是对他们工作的最高评价，但是玛丽差点与这个奖项失之交臂，因为当初有不少评委都认为不该把奖项颁给一个女子，而只能颁给她的丈夫皮埃尔。当时，居里夫妇双双缺席瑞典的颁奖典礼，因为长期靠近放射性元素的工作对他们的身体造成了极大的影响。1903年8月，玛丽因为流产不得不在家休息了好几个月。

诺贝尔奖令居里夫妇享誉世界。这对默默无闻的伉俪立即成为众人瞩目的焦点，这让他们感到有些不太自在。不过，丰厚的奖金倒是解了科学实验的燃眉之急，他们利用这一大笔资金改善二作环境，并雇用了实验室助理协助实验的开展。夫妇俩搬到装潢一新、设备齐全的新实验室继续他们的事业。1904年年底，玛丽生下他们的第二个女儿伊夫。第二年，他们长途跋涉来到瑞典共同领取了诺贝尔奖。皮埃尔在获奖感言中，特别提到镭元素对人体的危害，并预言了镭元素被不当使用的危险和它强大的破坏力。

超越强烈的悲痛

“玛丽·居里的心灵已经死了，她是一名极力压抑悲痛的科学家。”玛丽的朋友玛格丽特·波莱尔在1910年这样写道。1906年，皮埃尔被一辆疾驰的马车撞死，玛丽失去了挚爱的丈夫，悲痛欲绝，她唯一的慰藉就是她热爱的工作和可爱的女儿们。在丈夫去世后不久，玛丽接替了皮埃尔物理教授的职位。起初她拒绝学校的委任，后来，经过慎重考虑，她意识到这是继续丈夫工作的最好方式，终于接受了校方的聘任书，成为索邦大学历史上第一个女教授。

玛丽把研究放射性元素作为毕生的科学事业。1911年，由于在镭和钋上的突出成就，她再一次被授予诺贝尔化学奖。1913年，她建立了研究元素放射性的实验室，这就是后来著名的巴黎镭元素研究所。为了保

→玛丽和皮埃尔·居里的实验记录手稿。即使到了现在，它们仍然具有超强的放射性，现被密封后陈列于巴黎的国家图书馆。

证研究所宽敞通气，玛丽亲自参与了实验室的设计和建造。在辉煌的成功面前，玛丽并没有沾沾自喜，而是进一步探究放射性产生的原理。尽管最终并没有找到答案，但她却极富前瞻性地注意到新西兰科学家欧内斯特·卢瑟福（1871—1937年）的研究成果的前景，他探索到了原子的奥秘，从而大大促进了科学家对放射性的理解。

建造“小居里”

1914年8月，第一次世界大战开战之际，玛丽决定把研究所里的镭元素转移到波尔多一家银行的地下室。因为她意识到，像镭这么稀有的宝贵元素，万一落到居心不良的陌生人手里，势必会对人类造成巨大的危害，于是她亲自参与搬运这些宝贵的镭元素。玛丽和她的长女艾琳还一起参加战地医疗服务，她们来到法国战场上，冒着枪林弹雨担负起伤员的X射线透视工作。为了方便工作，她募集到一笔资金，设计并制造了一种特殊的负载X射线的搬运工具，被战士们亲切地称为“小居里”。战争结束时，母女俩已经建造了18台“小居里”。此外，玛丽还私人创办了200多家固定的X射线诊所。尽管长年被病痛折磨和困扰，她依然坚持亲自操作仪器，并教会其他女性使用这些设备。

宝贵的元素

一战后，玛丽被选为巴黎镭元素研究所所长，她在这个职位上辛勤工作，直到1934年去世为止。她还被华沙镭元素研究所任命为镭学的荣誉教授，这对她个人而言无疑是一项莫大的荣誉，因为这是来自家乡人民对她的肯定。

1920年，玛丽接受了美国新闻记者玛丽·梅洛尼的访问，当女记者看到玛丽的研究资金极度短缺时，大为震惊。此时，研究所因缺乏足够的款项只有1克镭的储存量。梅洛尼向玛丽承诺，自己一定会想方设法筹集资金，为研究所购置更多的镭元素。1921年，玛丽获邀首次来到美国白宫，受到了沃伦·哈丁的亲切接见，并获赠整整一箱的稀有元素。1929年，玛丽再一次来到白宫，为华沙镭元素研究所领取了珍贵的镭元素。

最后的岁月

在生命的最后几年中，玛丽顽强地与病魔进行着抗争，她的视力明显退化，但她仍一如既往不知疲倦地辛勤工作着。她扩大了研究所里镭的储存量，并为研究所延聘了成百上千的新科学家，对他们的工作给予认真仔细的指导。1934年，她被确诊为白血病，这是长期与放射性元素接触造成的后果，这在当时属于不治之症。1934年7月4日，伟大的女科学家玛丽永远地闭上了双眼，享年66岁。1995年，在总统佛朗哥·密特朗的要求下，居里夫妇的遗体被移至巴黎万神殿，这里是法国最伟大英雄的安息之地。

原子

19世纪早期，科学家认为原子是一种简单的不可分的微粒。到了19世纪末，人们发现原子内部还含有电子，欧内斯特·卢瑟福率先揭开了原子的神秘面纱。在对氦原子进行一系列实验后，卢瑟福指出原子结构就像是一个缩小的宇宙，它们的重量集中在原子核内。后来的科学家进一步得出原子内部含有两种粒子：中子和质子。接着，人们发现当原子核裂变时能够放射出巨大的能量。这种能量可以用来发电或者产生大面积的爆炸。同时，并非所有元素的原子核都能产生人工裂变，只有放射性元素可以在一定条件下产生释放能量的裂变。

1879—1955年

埃尔伯特·爱因斯坦

1905年，一份德国科学杂志刊登了一篇涉及狭义相对论的文章。该论文的发表无异于石破天惊的大发现，几乎动摇了经典物理学的根基，完全改变了科学界对空间、时间、物质、能量和光等事物的认识。

这篇论文的作者名叫埃尔伯特·爱因斯坦（1879—1955年），是瑞士国家专利局的职员，当时他年仅26岁。爱因斯坦没有大学职位，也没有在任何实验室或科学图书馆任职的工作经验。在许多人看来，他的观点简直如同无中生有，正如物理学家查尔斯·斯诺所说，相对论的提出就好像是爱因斯坦“凭空思考得到的结论，没有任何实验或理论依据”。10年后，爱因斯坦独立完善了他的这项划时代的科学理论，在狭义相对论的基础上进一步提出了广义相对论，其中还重新阐释了对引力的新理解。他在科学上的特殊成就简直是“前无古人，后无来者”。

幼年的生活

埃尔伯特·爱因斯坦于1879年3月14日出生于德国乌尔姆，从小在慕尼黑城长大。他幼年时只是个普通小孩，并没有任何早慧的迹象。据说他小时候并不活泼，直到3岁多才学会讲话。爱因斯坦年幼时非常憎恨学校，严苛的纪律管理和死板的教育方法令他觉得很不自在，他的功课一般，与其他同学相比毫无突出之处。在这个时候，爱因斯坦唯一的娱乐就是拉小提琴，这项爱好陪伴了他一生。此外，数学也是他较为感兴趣的学科。15岁时爱因斯坦因故被勒令退学，以致没有拿到文凭。

根据德国当时的法律，男孩只有在17岁以前离开德国才可以不必回国服兵役。爱因斯坦为了逃避兵役，退出德国国籍来到瑞士。他参加了苏黎世理工学院的入学考试，第一次尝试以失败告终。取得中学学历后，他再一次报考苏黎世理工学院，终于得以跨入理工学院的校园主修物理和数学。1900年，爱因斯坦从苏黎世理工学院毕业，并找到了一份数学代课教师的工作，但他仍然希望能进入更高的学府深造。此后一年间，爱因斯坦辗转于各高校到处递交入学申请，却都如石沉大海，杳无音信。

1902年，爱因斯坦在朋友的帮助下找到了一份体面的工作，他正式受聘于专利局任三级技术员，工作职责是审核申请专利权的各种技术和发明创造，这份工作薪水颇为丰厚。正式工作后第二年，他便与匈牙利女子米列娃·玛丽克喜结连理。由于工作相对比较轻松，为他开展科学研究腾出了不少时间，爱因斯坦兴奋将其地称为自己的“抽象和数学思考的随意时间”。从那时起，爱因斯坦开始向德国的一份物理学杂志《物理年报》投寄论文。

■ 奇迹般的一年

1905年，爱因斯坦在科学史上创造了一个史无前例的奇迹。这一年他向《物理年报》杂志陆续递交了5篇论文，分别在物理学的多个领域作出了突出的贡献，其中一篇甚至有着划时代的历史意义。他在第1篇论文中，用光量子概念巧妙合理地解释了经典物理学无法解释的光电效应。1921年，爱因斯坦因为“光电效应定律的发现”这一杰出成就获得诺贝尔物理学奖。

第2篇是关于分子大小的测定方法，凭借此文，爱因斯坦获得了苏黎世理工学院的博士学位。第3篇则从理论角度解释了布朗运动现象。所谓布朗运动，指的是液体中悬浮粒子的无规则运动情况。爱因斯坦应用数学工具，证明液体分子的无规则运动是分子的热运动和分子间相互碰撞的结果。这篇论文的发表对原子论的建立具有至关重要的作用，从侧面证实了原子的存在性。

■ 狭义相对论的提出

1905年6月，爱因斯坦完成了开创物理学新纪元的第4篇论文《论动体的电动力学》。他在这篇论文里完整地提出了狭义相对论，该学说的主要观点在于，时间和空间概念对于观察者而言都是相对的。换句话说，我们之所以感觉到时空变化速度一致，那是因为相对运动速度相同。当观察者之间的相对速度不一致时，就会观察到异样的情况。例如，当一艘太空船以接近光速的速度经过地球时，在身处地球的观察者看来，船身似乎正变得越来越短。如果他对太空船进行测重，还会发现它的重量比相对静止时要大得多。此外，假如在舱内放入一只手表，奇迹发生了：太空船内的时光似乎放慢了脚步，以至手表的走时减慢。但相对于舱内的宇航员来说，太空船内的一切——包括船身长度和重量和时间等依然正常如初。

狭义相对论的提出是近代物理学领域的伟大革命。它改变了牛顿力学的时空观念，明确指出世界上没有绝对时空的存在，时间和空间都取决于参考系的位置和相对速度。在此之前，从来没有人对时空的绝对性提出过质疑，而现在经典物理学的时空观念却遭到了前所未有的挑战：人们之所以没有感觉到时空的相对性，是因为所有人都在以缓慢的速度运动着。对于爱因斯坦而言，唯一绝对的概念是光速，无论在何时何地，光速的测量结果都是绝对一致的。他还认为物体的运动速度永远不可能超越光的传播速度，因为当物体以光速运动时，其质量会无限增大，长度无限缩小，时间则完全停滞。

$E=MC^2$质能方程式

爱因斯坦发表狭义相对论学说后，并未满足于已有的发现，又开始对其进行了更深一层的研究，着手开始第5篇论文的撰写。根据狭义相对论，当研究对象的运动速度接近光速时，物体质量会不断上升，这个过程必然需要相应的能量来维持。简单地说，就是能量转化成质量。爱因斯坦因此指出，质量是能量的一种特殊形式，并推导出著名的质能方程式：$E=MC^2$（能量相当于质量和光速平方的乘积）。这是一个全新的科学观点，其应用范围非常广泛，例如，它可以用来解释放射现象产生的机理。微小的放射性元素分子之所以能够释放出巨大的放射能，是能量和质量之间快速转化的结果。此外，公式$E=MC^2$还预示了一个普遍原理，即每个原子内部都蕴涵着巨大的能量。

世界上没有绝对时空的存在，时间和空间的大小取决于参考系的位置和相对速度。

起初，爱因斯坦的理论并未引起太多的关注。就爱因斯坦本人而言，他仅仅是一位身份低微的专利局技术员。尽管他拥有博士学位，但在科学界仍然缺乏足够的地位和分量。此外，他提出的理论实在是太过超前，其中包含的公式也极其复杂深奥，以至大多数科学家都难以理解，部分人甚至还认为他的想法纯属“古怪”。终于有一天，著名物理学家普朗克致信给他询问了有关狭义相对论的一些问题，这次交流非常愉快。1906年，普朗克还派助手拜访了他。自此，爱因斯坦的名声与日俱增。1907年，他开始寻求一个大学职位以便继续他的科学研究。2年后，爱因斯坦辞去了专利局的职务，成为苏黎世理工学院的理论物理学教授。期间，他来到布拉格德国大学进行了短期交流，并于1912年晋升为该校的教授。1913年年末，在马克斯·普朗克的盛情邀请下，爱因斯坦远赴柏林大学以教授身份加入他的研究团队中。由于柏林大学的任教工作相当轻松，爱因斯坦得以自在地开展自己的实验研究。

■ 广义相对论的提出

狭义相对论建立后，爱因斯坦并不感到满足，力图在理论中引入引力场的影响并建立起广义相对论的学说。之所以冠以“狭义”二字，是因为该理论只适用于匀速运动的物体，一旦引力项加入其中，物体的速度和方向就会发生变化，该理论也就不再适用。爱因斯坦于1915年递交了关于广义相对论的文章，该文发表后引起的反响堪与10年前的狭义相对论媲美。几百年来，牛顿等物理学家都认为引力仅仅是一种力，但爱因斯坦却赋予它完全不同的概念。他提出，引力场其实是一种时空的弯曲作用，它依附于有质量的物质而生。所谓“时空”，即空间和时间，这两个通常被我们区别对待的物理概念，事实上是一个四维统一体。其中，三维指的是组成空间的3个方向，第四维则为时间项。根据爱因斯坦的广义相对论，物体在时空区域中由于质量的存在会造成时空的弯曲。同时，物体质量越大，弯曲程度也越明显。行星之所以会围绕太阳旋转运行，力的强制作用是一个重要原因。太阳本身的弯曲时空也是一个不可忽视的元素，它导致行星运行轨道呈椭圆形而非圆形。

在当时，大多数科学家都无法理解爱因斯坦的这项最新理论，甚至一些专家认为它荒诞不经，对它不屑一顾。爱因斯坦必须找到确凿的物理证据，才能劝服世人接受自己的学说。他在广义相对论中指出，任何物体都会受到弯曲时空的影响，就连快速传播的光也不例外。因此如果人们能

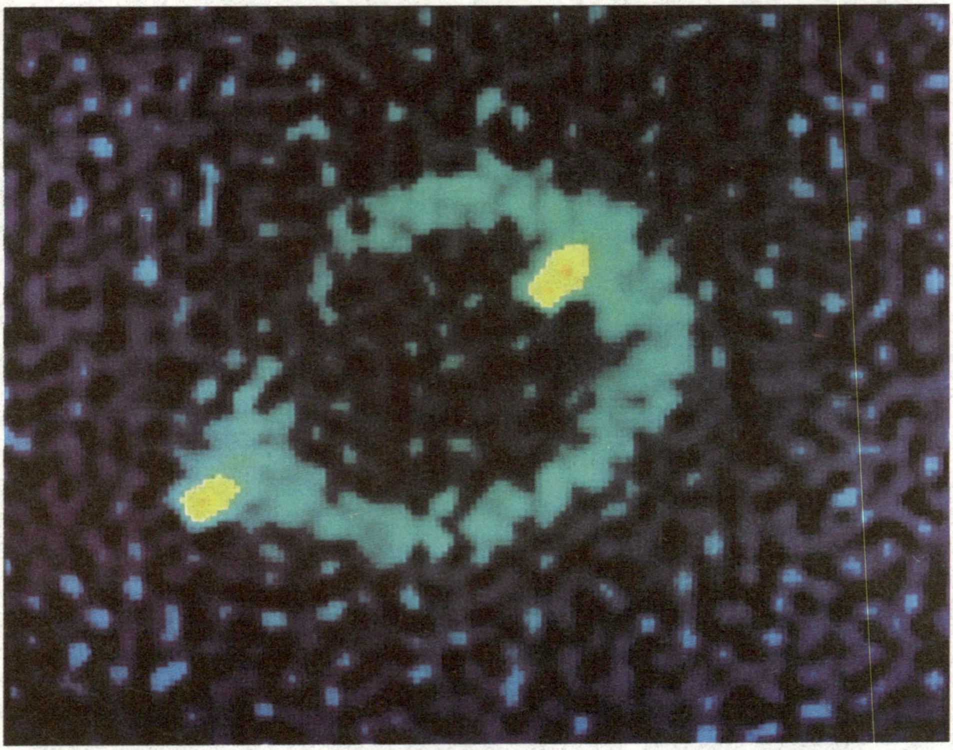

↑这是一张科学界称之为“爱因斯坦环”的遥远星系的太空照片，首次发现于1987年。爱因斯坦在此将近70年前曾提出广义相对论，并预言了这种环的存在：在一些特殊的情况下，由于星系引力场的作用，遥远天体所发出的光线会严重变形，以至产生一个完整的圆环。

在地球上观测到遥远的星体在绕太阳运行时光线会发生弯曲，那么就能为相对论提供强有力的事实依据，而日食是唯一可以在白天观察到星体的时机。1919年5月29日，天文学家亚瑟·爱丁顿爵士组织日食远征队到非洲的几内亚进行实地观测。11月，伦敦皇家学院发表声明，指出爱丁顿拍摄的照片中显示的一个重要现象：当星体运行到最大限度接近太阳的时刻，其位置发生了微小的移动。恰恰是这一看似不起眼的变化有力地证明了爱因斯坦广义相对论的正确性。

光电效应

在光的照射下，物体中的电子逸出的现象叫做“光电效应”。科学家们早已发现了这个物理现象，却始终找不到产生这种现象的原因。爱因斯坦高明地引入新兴学科量子力学的理论，解决了这个难题。量子力学指出，放射性物质辐射的能量并不是连续的，而是以一份一份的“量子”形式进行释放的。由此及彼，爱因斯坦想到光能的作用机理或许与此相似。他指出，一束光柱其实就是一束携带能量的粒子流。相对辐射能中的量子，他把它们称做光子。当光子照射到物体上时，它的能量可以被物体中的某个电子全部吸收。如果电子吸收的能量足够大，那么电子就可以离开物体表面脱逸出来。1913年，物理学家的实验证实了爱因斯坦的理论。

全世界最著名的科学家

各大报纸纷纷把这一惊世发现列为版面头条，爱因斯坦也因此声名大振，迅速成为当时世界上首屈一指的伟大科学家。各地的信件纷至沓来，邀请他撰写专著或者请他到当地作学术报告。然而，爱因斯坦生性内敛不善社交，对这些热情洋溢的言辞一概置之不理，依然埋头于自己的学术工作。他接下来的课题是探究电磁场和引力场之间的联系，向发现伟大的“统一场论”跨出了极为关键的第一步。统一场论提出了一个适合于宇宙万物的自然规律，从亚原子结构到行星和恒星等天体，都可以应用该理论解释其现象。在爱因斯坦的后半生，他几乎把全部的科学创造精力都用于统一场论的探索，但都没有取得真正具有物理意义的结果。此外，他参与构建有关量子力学的完备性问题，并从中发现了亚原子微粒的测不准原理。该学说的基本思想是，运用数学方法只能计算出亚原子微粒在某处出现的概率，却无法确定其确切位置。从某种程度上说，爱因斯坦是认可量子力学的研究意义的，但他始终拒绝接受测不准原理，或者说，是物理学研究中这种不确定的思维方式让他反感。正如他自己坚持的信念，“上帝不会掷骰子”，他永远也不能接受模棱两可、似是而非的科学理论。

爱因斯坦于1929年发表统一场论的第一版专著，全世界的媒体都对此表示了极大的关注。与之相对，科学家同行们则持批评的态度，他们认为

↑该图根据爱因斯坦的广义相对论形象地展示了行星使时空弯曲的现象。蓝色格子线条代表时空，它们就像是有弹性的橡胶薄层，物质质量的变化则引起了这些线条凹痕大小的改变。

爱因斯坦的研究方向发生了错误，并希望他可以早日放弃在这个领域的工作，加入量子力学的研究大军中来。

20世纪20年代，爱因斯坦逐渐把精力投入政治事业上。作为一名终身的和平主义者，他一直关心着人类的文明和进步，并积极参与人类进步事业。他周游列国，与当时著名的社会活动家同行。如精神分析学家西格蒙德·弗洛伊德、印度诗人和神秘主义者罗宾德拉纳特·泰戈尔等都是他的同伴。1933年，爱因斯坦移居美国，在新泽西的普林斯顿高级进修学院任职。1950年，他出版了统一场论专著的第二版书籍，仍遭到同行的反对。在这个时期，由于他远离了当时物理学研究的主流，不少理论物理学家已经开始忽视爱因斯坦的工作，但他依然无所畏惧，毫不动摇地走自己所认定的道路。爱因斯坦于1955年4月因病逝世，享年76岁。

现在，爱因斯坦被认为是人类历史上最伟大的科学家。他在20世纪初提出的经典理论极大地改变了人类对世界自然规律的理解。尽管在提出广义相对论时，爱因斯坦还认为宇宙是静止的，但其包含的理论却从侧面预示着我们生活的宇宙在不断扩大。1929年，天文学家爱德温·哈勃证实了这个假说。爱因斯坦提出的质能方程式$E=MC^2$被后人应用于核能的研究，在原子弹和氢弹的制造中也起到了关键的作用。而对于爱因斯坦遗留下来的统一场论难题，当代的科学家们又重新认识到了它的重要意义，对电磁场和引力场的研究正在进行中。

阿尔弗雷德·魏格纳

阿尔弗雷德·魏格纳（1880—1930年）率先提出了大陆漂移说，指出地壳始终处于不停的运动中。该理论被认为是地质学史上最重要的理论，人类对地质演变的认识由此向前迈进了一大步。

1880—1930年

阿尔弗雷德·魏格纳于1880年11月1日出生于德国柏林，他是家中最小的孩子。父亲理查德·魏格纳医生是福音会会长，在当地开办了一家孤儿院。魏格纳年轻时对格陵兰岛产生了浓厚的兴趣，这里成为他后来研究气象学的主要场所，同时也是他的安息之地。青年时代的魏格纳为了便于今后参加极地探险还学会了滑雪和溜冰，并日夜勤加练习。

千百年来，人们一直以为陆地和海洋的位置没有发生过任何变动。魏格纳大陆漂移说的提出打破了这个固有的认识。他指出，如今炎热的荒漠曾一度被极地冰帽覆盖，而同一个地区可能曾陆续出现过不同的地貌。魏格纳一生孜孜不倦地寻求真理，力图让人们相信他的理论。

魏格纳认为，大陆漂移说可以用于解释诸如火山爆发、地震、造山运动和磁极移动等地表的各类大面积运动。然而，当他的说法最终获得承认时，他本人早已逝世多年。魏格纳接受过系统的天文学教育，并成为一名气象学家，他到处收集支持大陆漂移学说的证据。遗憾的是，当时的科学界却错误地把他认定为业余爱好者，认为他年轻气盛、傲慢无礼。他所提出的理论也都被看成是些违逆真理的怪念头。

气象专家

1904年，魏格纳在柏林大学获得了博士学位。后来他很快就对气象学这一新兴学科产生了浓厚兴趣。他和弟弟库尔特一起，在柏林附近的皇家普鲁士航空天文台就职，不久便在气象学领域崭露头角。魏格纳利用风筝和气球探测高空大气的状态，他还和库尔特共同创造了一项世界纪录——驾驶热气球在空中飞行52小时以上。

1906年，丹麦为研究极地气流组织了一支探险队前往格陵兰岛东海岸考察，魏格纳很幸运地作为气象学专家随队前往。在这次行程中，魏格纳认真研究了冰帽的大气状态，成为使用风筝和气球勘测的第一人。

回到德国后，魏格纳被任命为马尔堡大学的授课讲师。他讲课深入浅出、引人入胜，几乎所有学生和听众都为他精彩的讲座所折服，魏格纳的名声很快就传了开来。他善于迅速接受新知识，并将它们与当时已有的概念完美地加以整合，形成浑然一体的结构，使得所有复杂的难题都迎刃而解。然而，尽管魏格纳是气象学领域一颗冉冉升起的新星，他毕生最伟大的贡献却并不在此。

■ 漂移的大陆

魏格纳很早就注意到了各大陆的轮廓特征，并开始认真思考它们之间

↓北美洲和欧洲的大陆板块曾经接合，这在冰岛的平格费利尔地区附近非常明显。在这里，峡谷和峭壁标志着大西洋断层的缝合踪迹。如图所示，左边为北美大陆板块的东部边缘，右边则为欧洲地区的西部边缘。

的关系。1910年12月，他在给未婚妻的信函中写道："把南美洲的东海岸和非洲的西海岸互相靠拢，是否会发现两者曾经是合在一起的？我会对此作出进一步的研究。"他积极地收集各方资料，很快就找到了有力的化石依据。

1911年的秋天，魏格纳在学校图书馆翻阅资料时偶然发现一本考古书，其中列举了大西洋两岸动植物的化石标本。他被这本书的内容深深吸引住了，并决心寻找类似的证据。在那时，科学家们已经发现两岸间的化石具有一定的相似性，但他们认为这是因为两块大陆之间一度存在着横跨大洋的桥梁。由于某种原因桥梁逐渐沉入海底，随着地表的冷却和收缩，大桥的痕迹也变得无处可寻。在收集到部分资料后，魏格纳对这个解释提出了疑问。他提出，在远古时期地球上所有的大陆和岛屿都连接在一块构成了一个庞大的原始大陆，叫做泛大陆（取自希腊语，意为"整块大陆"）。后来，这块泛大陆先后在多处出现裂缝，裂缝两侧逐年扩大，海水侵入，就产生了新的海洋和新的大陆分块。魏格纳敏锐地发现自己的理论极具说服力。他满怀信心地在记录本中写道，"我坚定不移地相信自己的发现"。

1912年1月，魏格纳出席了地质学会在法兰克福举办的学术会议，在会上他提出大陆漂移的假说，并向与会者详细解释了大陆移动分裂和海洋形成的过程，在座听众无不惊讶万分。魏格纳心里很清楚提出该假说的巨大影响，它或许将会动摇当时对地球历史认知的一切基石。

同年，他再一次组队去往格陵兰实地考察。这支由4人组成的小队曾经遭遇冰川突然倒塌的灾难，他们冒着生命危险艰难跋涉，克服种种难以想象的困难，终于得以安全返回基地。他们因此成为第一支在极地冰帽上过冬的队伍。在第二年春天，他们横跨1 208千米的雪地，攀爬了3 048米高的冰山，创造了在冰层上行程最长的纪录。通过这次探险，魏格纳收集到充分的地质学资料，回到德国后，他又对数据进行整理并予以发表，这一切令他声名大振，一跃成为世界权威的极地气象学和冰川学专家。

回国后不久，魏格纳与著名气象学家W．P.科彭的女儿爱尔丝·科彭喜结连理。婚后，他仍然坚持不懈地发展自己的大陆漂移学说。1915年，魏格纳出版《海陆起源》一书，却没有产生预期的轰动效果。第一次世界大战期间，魏格纳被敌军的炮弹击中身负重伤。因为战事混乱，他的学说并没有传播到德国以外的地区。

■ 矛盾和斗争

1922年，第三版《海陆的起源》出版问世。这一次，它被翻译成多种语言，包括英语、法语和西班牙语，并迅速在国际科学界引起了广泛的关注。但是其反响并不令人振奋，这部书遭到了学术界广泛的抨击，尤其是在美国等地更是遭到了近乎诬蔑的激烈言辞。美国哲学学会会长甚至还鼓励全体人民反对大陆漂移学说，并无端谩骂魏格纳的理论。

不久，魏格纳受邀到纽约作学术演讲，在那儿遇到了对他的学说抱有强烈敌意的反对者。他们口出恶言，称魏格纳只是个业余的地质学爱好者，一个无视传统、傲慢自大的骗子。

尽管魏格纳收集到大量确凿的证据来证明大陆在地球表面漂移的说法，但都无济于事，人们对此完全置之不理。20世纪20年代，魏格纳引入了一个新概念“极波动力”，这是一种由地球自转产生的、促使大陆离开两极移动的力。他认为，极波动力和潮汐力或许就是大陆漂移的原动力。其中一位反对者通过数学运算得出，能够推动大陆的潮汐力数值大得简直不可思议，几乎可以在一年内就导致地球的自转停止。

海陆的起源

魏格纳提出，各个大陆板块并非扎根于地球深处，它们是运动的。海洋底部的岩石多半都是玄武岩，这是一种比花岗岩还要致密的岩石，是它们构成了大陆的主体。他发现，在玄武岩上方漂移的大陆就像是在海洋上漂浮的冰层。由于岩石密度要大得多，而且它们的运动速度也缓慢无比，大陆板块在洋底壳上几乎是步履蹒跚，就像是碎冰船在费力穿越结冰的海域一样。魏格纳认为，在地球形成之初只有一个庞大的原始大陆（泛大陆），直到2亿年前这块大陆才逐渐分裂成大小不一的陆块，并运动至今。当板块之间相撞时，它们互相挤压，结合处的岩石逐渐向上拱起，最终形成了现在的山脉。

虽然反对声不断，仍然有一部分科学家坚定地维护魏格纳的学说。瑞士地质学家埃米尔·阿甘德在研究阿尔卑斯山的褶皱扭曲地层时，认为这是支持大陆板块运动的有力证据。南非地质学家亚历山大·迪·托伊特非常兴奋地注意到非洲和南美洲的化石极其相似，而且非洲西海岸和南美洲东海岸的地形轮廓几乎是吻合的。值得一提的是，爱丁堡大学的教授阿尔佛雷德·赫尔姆斯在研究中指出，很可能是地球深处的对流岩流推动了大陆的漂移，这一点很大程度上与魏格纳在1929年版著作中提及的原理不谋而合，如今该理论已被广泛接受。尽管如此，在当时的大多数人眼里，魏格纳的理论依然是荒谬而缺乏依据的，对科学研究来说毫无可取之处。

魏格纳深知自己的理论过于超前，还需要更多的证据来进行阐述和说明。他查阅了大量各个学科领域的知识，并研究了大西洋两岸的地貌特征以及化石资料，对绵延的山脉、各大煤矿和金属矿区等地形进行实地勘探并绘制了相关地图，从而证明大陆之间曾经是互相连接的。例如，非洲和南美洲地区本来是连成一片的，而南极洲到印度再到非洲曾经也是一个整体。

魏格纳最强有力的证据当属来自古气象学资料的支持，这是一门研究几百万年以前气象状况的学科。在弗拉德·科彭的帮助下，他在泛大陆的地图上标出了古代的热带丛林、冰层和荒漠的位置，至此一切都真相大白了。

在大约2.8亿年前的石炭二迭过渡期的冰川时代，世界各地随机分布着大片的冰层，还有部分地区是炎热的沙漠。在魏格纳的地图上，其中一个沙漠地带集中在南极附近。根据大陆漂移假说，那儿曾经是非洲、南极洲、澳大利亚和印度等地区的联结之处。

一个英雄悲剧的结局

由于魏格纳的理论在地质学界引起了轩然大波，几乎没有一所德国的大学愿意授予他博士的头衔。值得庆幸的是，1924年，奥地利的一所小规模学校——格拉茨大学终于聘任他为气象学和地球物理学教授。

在格拉茨，魏格纳继续在极地气象领域辛苦耕耘，并于1930年又一次带领小分队深入格陵兰冰原进行考察，这次行程从一开始就屡遭不测。当他们行进到距离海岸402千米的地方时，探险队被困，队长魏格纳不得不请求支援。然而由于天气状况恶劣，大部分营救队伍都在中途折回。魏格纳和两名同伴在零下58℃的温度下，顶风冒雪，坚持了40多天终于穿过厚厚的冰层回到了营地。

1930年，魏格纳55岁生日的第二天，他与助手威尔森一起踏上了征途，这一去就再也没有回来。直到第二年春天，魏格纳的遗体才被发现。营救人员找到他时，他躺在睡袋里，两侧雪地里还竖立着他的滑雪橇。显然是威尔森亲手安葬了他，而威尔森自己则消失在一望无际的雪野中，再无踪迹。魏格纳的队员们在他长眠之地建立了一个冰雪陵墓和一块50厘米高的铁制墓碑。如今，他的陵墓和墓碑都已被掩埋在茫茫冰雪之下。

魏格纳的理论在他死后逐渐衰退，他没有任何的学术拥护者，只有一小部分热心人依然保留着所有的资料。1950年，涌现了大量可以用来监测地球外壳活动性的新科学技术，科学家们应用这一系列新技术监测海底的情况（海洋学），对几百万年来地球磁极的变化情况进行了深入研究（古磁学），这才证实了魏格纳的大陆板块漂移假说的合理性。

板块构造论

现代板块构造理论解释了魏格纳提出的大陆板块漂移假说。地球最上层的部分——地壳，以及上层地幔一起，被划分成了七大板块和其他小板块。它们漂浮在其他地幔的上方，在高温下形成了厚厚的有黏性的液体岩石（岩浆）。

这些板块在地球表层缓慢移动，而它们的运动推动了魏格纳所谓的大陆漂移。尽管魏格纳曾错误地认为移动的只是大陆板块，或者它们只在海洋表面漂移，但这并不妨碍该假说的合理性。如今，科学家们循着几百万年以来板块的变化情况，经过仔细分析得知，大西洋仍然在不断扩张，北美洲正在以每年2.5厘米的速度远离欧洲大陆（是魏格纳计算结果的百分之一）。

对于板块为何会在岩流圈上漂移现象的解释，如今尚无一致的说法。较为普遍的一种说法是由福尔摩斯提出来的，他认为下方地幔中形成的对流岩流是主要动力。正如魏格纳所说："能圆满解释漂移学说的科学家还未出世。对此，我们完全不必恐慌，因为这门新学科仍然很年轻。"

[影响人一生的]
科学家